L' « ABJURATIO REGNI »

HISTOIRE

D'UNE

INSTITUTION ANGLAISE

PAR

ANDRÉ RÉVILLE.

Extrait de la *Revue historique*,
Année 1892.
(*Les tirages à part ne peuvent être mis en vente.*)

PARIS
1892

L' « ABJURATIO REGNI »

HISTOIRE D'UNE INSTITUTION ANGLAISE.

Le mot d'*abjuration* a pris dans notre langue moderne un sens précis ; il amène dans l'esprit l'idée d'un acte religieux, d'une renonciation solennelle à une doctrine confessionnelle, à un ensemble de dogmes, au moins à une croyance. Mais, si l'on se réfère à l'étymologie, on voit que rien ne justifie cette acception étroite, et qu'abjurer, c'est renoncer par serment à quelque chose, quoi que ce soit. C'est ainsi qu'on l'entendait au moyen âge ; si nos pères disaient déjà : « Abjurer une opinion, une hérésie, » il usaient aussi d'expressions comme celles-ci : « Abjurer le pouvoir, au sens d'abdiquer ; ou abjurer un droit de possession ; ou encore abjurer une terre, une province, un royaume, » comme nous dirions aujourd'hui : « S'exiler, se condamner au bannissement[1]. »

En Angleterre, cependant, et dans les pays anglo-normands, ce terme se prit de bonne heure en un sens très spécial : là, dès le commencement du xiie siècle, l'abjuration fut le serment du coupable qui, réfugié dans un asile, s'engageait à quitter le pays pour toujours, exil volontaire et spontané qui le mettait à l'abri d'un châtiment plus rude, comme la mutilation ou la peine de mort[2]. Plus tard, dans les œuvres des jurisconsultes, de Bracton, de Britton, dans la Fleta, ce mot conserva cette portée. De même encore au xve et au xvie siècle : « Abjuration, » écrivait en une langue barbare, à demi anglaise sous sa forme normande, le juriste William Staunforde, contemporain de Mary Tudor, « abjuration est un serement que home ou feme preignont, quant

---

1. Du Cange, art. *Abjurare* et *Abjuratio.*
2. *Leges Edwardi Confessoris,* c. 5, par. 3, ap. Schmid, p. 493-494 (voir plus loin la bibliographie du sujet) ; cf. sir Th. E. Tomlins, *Law Dictionary,* art. *Abjuratio.*

(C.)

ils ont commise felony, et fue à l'Eglise ou Cemitorie, eslisant pluistost perpetual banishment hors del realme, que à estoiser à le ley et d'estre trié del felonie[1]. » Sous le règne de Jacques Ier, le vocable et l'usage existaient encore : institution singulière et archaïque, née des plus anciennes pratiques de la législation anglaise et de la religion chrétienne, qui, avec le temps, se transforma, mais, toujours respectée, persista à travers plusieurs siècles, survécut aux ruines du moyen âge et ne disparut qu'au sein des temps modernes, non sans laisser de traces de sa longue existence. L'histoire de cet usage, de ses origines, de ses vicissitudes, de sa fin, tel sera l'objet de cette étude[2].

1. *Placita Coronae,* fol. 116 *f.*

2. Ce sujet n'a jamais été traité d'ensemble, même par les historiens anglais. Il a été abordé en France par MM. Wallon et de Beaurepaire dans leurs travaux sur le droit d'asile et par M. Jusserand dans son volume si original et si attachant sur la vie nomade en Angleterre au XIVe siècle. En voici d'ailleurs la bibliographie sommaire :

I. Recueils de documents. — 1° Recueils de lois. *Die Gesetze der Angelsachsen,* von Dr Reinhold Schmid, 2e édit., Berlin, 1858, in-8°. — *Ancient Laws and Institutes of England,* Londres, 1840, in-fol. — *Ancient Laws and Institutes of Wales,* Londres, 1841, in-fol. — *The Statutes of the Realm,* Londres, 1810-28, 12 vol. in-fol. — *The Statutes at large, from Magna Charta to... anno* 1761, publiés par Danby Pickering, Cambridge, 1762-69, 24 vol. in-8°. — 2° Recueils généraux. *Rotuli Parliamentorum,* Londres, 1767-77, 6 vol. in-fol. — D. Wilkins, *Concilia Magnae Britanniae et Hiberniae,* Londres, 1737, 4 vol. in-fol. — William Prynne, *An exact chronological vindication and historical Demonstration of our British... Kings supreme ecclesiastical jurisdiction,* Londres, 1666-68, 3 vol. in-fol.

II. Traités des jurisconsultes. — Henrici de Bracton, *De Legibus et consuetudinibus Angliae,* édit. de sir Travers Twiss, Londres, 1878-83, 6 vol. in-8° (coll. des *Rerum Britannicarum medii aevi Scriptores).* — *Britton,* by Francis Morgan Nichols, Oxford, 1865, 2 vol. in-8°. — *Fleta,* édit. de John Selden, Londres, 1647, in-8°. — *Coutumiers de Normandie,* publ. par Ern. Jos. Tardif. 1re part. : *le Très ancien Coutumier de Normandie.* Texte latin, Rouen, 1881, in-8°. — *Établissements et coutumes, assises et arrêts de l'Échiquier de Normandie au XIIIe siècle,* par A.-J. Marnier, Paris, 1839, in-8°. — *Nouveau Coutumier général,* par Charles-A. Bourdot de Richebourg, Paris, 1724, 4 vol. in-fol. (t. IV, *le Grand Coustumier du pays et duché de Normendie,* p. 1 sqq.). — *Coutume, Style et usage au temps des Échiquiers de Normandie,* Caen, 1847, in-4° (au t. XVIII des Mém. de la Soc. des ant. de Normandie). — *The first part of the Institutes of the Laws of England, or a commentary upon Littleton,* authore Edwardo Coke,... revised and corrected by Francis Hargrave and Charles Butler, 18e édit., Londres, 1823, 2 vol. in-8°. — *The third part of the Institutes of the Laws of England,* authore Edward Coke, 6e édit., Londres, 1680, in-4°. — *A Book of Entries,* par sir Edward Coke, Londres, 1614, in-fol. — *La Graunde Abridgement,* par sir Anthony Fitzherbert, Londres, 1565, 3 vol. in-fol. — *Les Plees del Coron,* composées par... Guilliaulme Staundforde, Londres,

I.

Les premiers textes qui nous révèlent cette coutume datent du XIIe et du XIIIe siècle ; mais, comme on en constate l'existence en Angleterre et en Normandie et qu'on la voit se développer concurremment dans les deux pays, on doit se demander d'où elle est venue, si ce fut la Grande-Bretagne qui en dota la province d'outre-mer, ou si, au contraire, ce furent les conquérants qui l'imposèrent aux vaincus. L'usage de l'*abjuratio regni* était-il d'origine anglo-saxonne ou d'origine normande ?

Les rares érudits qui se sont posé cette question s'accordent pour adopter la première hypothèse. Ils se fondent sur une loi d'Edward le Confesseur, condamnant à la restitution du bien dérobé et à l'abjuration tout voleur qui, pour échapper à l'action de la justice, aurait l'habitude de se réfugier dans les églises : « Et si more solito latro taliter egerit, et si forte fortuito ad ecclesias vel ad sacerdotis domus frequenter evaserit, ablatione restituta, provinciam forisjuret[1]. » Ils se contentent de ce seul texte : sans déterminer la genèse de l'institution, ils arrêtent à cette loi

1583, in-4°. — *La Graunde Abridgement*, par sir Robert Brooke, Londres, 1573, in-fol. — *A Report of Divers cases in Pleas of the Crown*, par sir John Kelyng, Londres, 1708, in-fol. — *Pleas of the Crown*, par sir Matthew Hale, Londres, 1716, 1 vol. in-8°. — *A Treatise of the Pleas of the Crown*, par William Hawkins, Londres, 1771, 2 vol. in-fol. — *Cases in crown Law from...* 1730 *to...* 1815, par Thomas Leach, 4e édit., Londres, 1815, 2 vol. in-8°. — *A pratical and elementary Abridgement of the Cases... from the Restoration in* 1660 *to Michaelm. Term 4 Geo. IV*, par Charles Petersdorff, Londres, 1825-30, 15 vol. in-8°.

III. Historiens modernes. — 1° Historiens du droit anglais. Dr George Phillips, *Englische Reichs-und Rechtsgeschichte seit der Ankunft der Normannen in Jahre* 1066, Berlin, 1828, 2 vol. in-8°. — Sir Edlyne Tomlins, *The Law Dictionary*, Londres, 1835, 2 vol. in-fol. — Reeve, *History of the English Law*, nouv. édit. par W. J. Finlason, Londres, 1869, 3 vol. in-8°. — John Bouvier, *Law Dictionary*, Philadelphie, 1870, 2 vol. in-8°. — *A history of Crime in England*, by Luke Owen Pike, Londres, 1873-76, 2 vol. in-8°. — Arch. Brown, *A New Law Dictionary*, 2e édit., Londres, 1880, in-8°. — 2° Historiens du droit d'asile. Henri Wallon, *Du droit d'asile*, Paris, 1837, in-8°. — Ch. de Beaurepaire, *Essai sur l'asile religieux dans l'empire romain et la monarchie française*, dans la Bibl. de l'École des chartes, 3e sér., t. IV et V, 1853-54, in-8°. — A. Floquet, *Histoire du privilège de Saint-Romain*, Rouen, 1833, 2 vol. in-8°. — 3° Histoire générale. J.-J. Jusserand, *les Anglais au moyen âge. La vie nomade et les routes d'Angleterre au XIVe siècle*, Paris, 1884, in-16.

1. *Leges Edw. Conf.*, c. 5, par. 3, ap. Schmid, p. 493-94.

la chaîne des origines et font de l'abjuration un antique usage
anglais. Tel est, sous une forme plus ou moins nette, le sentiment
de Staunforde, de l'historien normand Floquet, de M. de Beaurepaire[1] : « Le roi d'Angleterre Édouard, dit ce dernier, avait
décidé que le larron réfugié à l'église, à la maison ou dans la cour
du prêtre... serait tenu de forjurer le pays pour toujours... On
peut croire que la coutume de Normandie s'est inspirée de ces
coutumes anglo-saxonnes. » Malheureusement les lois du Confesseur ne passent plus pour authentiques : elles parlent du roi Guillaume le Roux comme d'un mort, et par suite ne peuvent être
antérieures au commencement du XIIe siècle[2] ; n'y cherchons pas
l'état des mœurs anglo-saxonnes pures de tout alliage normand.

L'argument était d'autant plus précieux qu'il n'y en avait pas
d'autre. Il se trouve néanmoins, par un heureux hasard, qu'il
était destiné à établir une idée juste : il semble bien, en effet, que
l'on puisse rattacher l'usage de l'abjuration aux principes mêmes
de la législation anglo-saxonne et qu'il en soit sorti par un *pro-
cessus* lent, mais clair, qu'on peut suivre à la trace et qu'il
n'est pas impossible de reconstituer.

C'était une institution complexe. Pour déterminer les origines
d'une coutume de ce genre, il faut au préalable en préciser les
caractères, la décomposer en ses éléments premiers, puis, cette
analyse faite, il faut retrouver dans le passé chacun de ces éléments, montrer comment ils se sont coordonnés, pourquoi la syn-
thèse s'est faite ; alors seulement on peut se flatter d'avoir déter-
miné la genèse de l'ensemble.

Telle qu'elle se pratiquait au XIIIe siècle, l'abjuration nationale
était un composé de deux éléments, l'un religieux, l'autre séculier. Elle était religieuse, puisqu'elle se faisait dans les églises, à
la faveur du droit d'asile, qui sauvait la vie du réfugié, du droit
d'asile réduit en somme à une commutation de peine[3]. L'élément
séculier, c'était le châtiment auquel le coupable se condamnait
spontanément ; c'était le bannissement, entraînant la mort civile
et la confiscation des biens, sans retour possible en Angleterre,
sauf par la grâce du roi, bannissement volontaire et sous la

---

1. Staunforde, 116 *f* ; Floquet, I, p. 115-16 ; de Beaurepaire, Bibl. de l'École
des chartes, 3e sér., t. V, p. 167-8 ; cf. Tomlins, art. *Abjuratio* ; Wallon, p. 80.

2. Phillips, t. I, p. 223 : Schmid, *Gesetze der Angel.*, p. LXXI-II ; dans cette
collection, les lois d'Edward ne figurent qu'en appendice.

3. Cf. Coke, third part, p. 115 : « Perdere potius patriam quam vitam. »

sanction du serment. D'où venait chacun de ces deux éléments, et comment s'est opérée la combinaison ?

Ce genre de bannissement, absolu et d'un formalisme compliqué, est d'origine anglo-saxonne et se rattache directement à l'une des plus anciennes pénalités usitées en Grande-Bretagne, à l'*utlagan*, qui, dans les textes latins, s'appelle *utlagatio*, en anglais moderne *outlawry*[1]. C'était à proprement parler la mise hors la loi. Elle était prononcée le plus souvent contre l'accusé qui redoutait de comparaître et se dérobait[2], et c'est sous cette forme qu'elle subsista plus tard dans la législation anglaise. Mais on l'infligeait aussi pour certains crimes : « Celui qui refusera l'obéissance aux décisions de la centaine, dit une loi d'Edgar, qu'il paie trente deniers ; la seconde fois, soixante ; la troisième fois, dix sous ; à la quatrième, qu'il soit *utlaga*[3]. » L'homicide était souvent puni de cette peine : « Celui qui tuera un serviteur de l'autel, disait Canut, utlaga sit erga Deum et homines... » « Si un homme en tue un autre, disaient Edward et Guthrum, sit utlaga vel exlex[4]. » Même au temps des luttes entre Anglais et Danois, on recourut à ce châtiment pour prévenir le ravage des troupeaux, et Aethelred inscrivait cette clause dans un pacte conclu avec les envahisseurs : « S'ils massacrent notre bétail, qu'ils soient hors la loi chez eux et chez nous, « utlagae sint apud nos et illos[5]. » C'était donc une pénalité en usage parmi les Anglo-Saxons, conforme aux mœurs de cette époque, vu qu'on la trouve aussi chez d'autres peuples de ce temps, mais qui semble avoir été plus nationale en Angleterre, puisqu'ici elle survécut aux ruines de la barbarie.

Ce n'était pas encore l'abjuration, loin de là. Mais l'*utlagatio* primitive avait déjà plusieurs traits communs avec elle. Ainsi elle entraînait la mort civile ; de même que sous les Mérovingiens les condamnés, dits *aspelles*, étaient placés en dehors de la protection du roi, qu'il était interdit de les recevoir, de les nourrir, qu'on pouvait, qu'on devait même les tuer, de même l'*utlah* était

---

1. C'est aussi l'avis de Phillips, II, p. 74.

2. Lois d'Aethelred, I, c. 1, par. 7-13 ; Lois de Canut, II, c. 30, par. 8 ; c. 34, par. 2 ; *Leges Henr. primi*, c. 53, par. 1 ; cf. Phillips, II, p. 255. Ces références aux lois saxonnes et toutes celles qui vont suivre renvoient à l'édit. de Schmid.

3. Lois d'Edgar, I, c. 3.

4. Canut, II, 39 ; 41, par. 1 ; 48, par. 2 ; Edw. et Guthr., c. 6, par. 6 ; cf. *Leges Henr. primi*, p. 66, par. 2.

5. Aethelr., II, c. 7, par. 2.

exclu de la paix du roi et de la paix de Dieu. Une loi de Canut défendait de lui fournir ni vivres ni le moindre secours, sous peine d'une lourde amende de cinq livres, et un autre règlement du même roi menaçait les contrevenants des derniers châtiments : « Ceux qui accueilleront un excommunié ou un *outlaw* et qui lui donneront le nécessaire, qu'ils désespèrent d'eux-mêmes et de tout ce qu'ils possèdent[1]. » Si le malheureux se montre, tout homme de bien a pour devoir de le poursuivre à grands cris : « Persequatur eum cum clamore omnis qui rectum amat[2]. » Il est réduit à la condition du vagabond, vivant dans les bois, seul ou avec des compagnons de misère, se nourrissant des fruits de la terre, s'habillant de peaux de bêtes, surtout de la fourrure du loup, être isolé, malfaisant et dangereux qui, à travers la légende, est parvenu jusqu'à nous sous la forme du loup-garou. C'est ce qu'on appelait porter la tête de loup. On lit en effet dans une loi d'Edward le Confesseur, qu'il est permis d'invoquer ici, car c'est la reproduction visible d'un usage anglo-saxon : « Du jour où il sera hors la loi, il portera la tête de loup, « lupinum caput « geret, » ce que les Anglais appellent *wolfshead.* Cette sentence est commune à tous les *outlaws,* « et haec sententia communis est de omnibus utlagis[3]. »

Comme l'abjuration aussi, l'*utlagatio* amenait des confiscations, car une loi de Canut, consacrée aux *outlaws,* porte que leurs biens propres tomberont entre les mains du roi[4].

De même enfin, le condamné ne pouvait rentrer en possession de ses droits que par la grâce du prince. Edgar décida que celui-ci pourrait les lui restituer, qu'il lui serait possible de rapporter la sentence, et, d'après la législation de Henry Ier, qui depuis le troisième chapitre s'inspire du droit anglais antérieur à la conquête[5], la mise hors la loi livrait le coupable à la miséricorde du roi, « in misericordia regis. » Rentrer en grâce, c'était rentrer dans la loi, « se adlegiare, » ou simplement « inlegire[6]. » C'était, en somme, renaître à la vie civile.

---

1. Canut, II, c. 66, par. 1; cf. *Leges Henr. primi,* c. 10, par. 1.

2. Edw. et Guthr., II, c. 6, par. 6; cf. Edw. le Conf., c. 6, par. 2; cf. *Saxonis Grammatici Historiae Danicae,* libri XVI,... édit. Christ. — Ad. Klotzius, Lipsiae, 1771, in-4°, p. 310.

3. Edw. le Conf., c. 6. par. 2.

4. Canut, II, c. 13; cf. Edgar, c. 3.

5. Schmid, p. LXIX.

6. Edgar, ibid.; Canut, ibid.; *Leges Henr. primi,* c. 12, par. 1.

Mais, dira-t-on, la peine de l'abjuration impliquait avant tout l'exil, et c'en était la raison première; au contraire, ce qui dominait dans l'*utlagatio*, c'était la mise hors la loi, non le bannissement. Cette différence est plus apparente que réelle. Où pouvait vivre l'*outlaw*? Pour échapper à la mort, il devait se soustraire aux regards de ses compatriotes, se réfugier au sein des forêts ou en des régions marécageuses et inhabitées. Déjà c'était, sous une forme déguisée, le bannissement, l'expulsion hors du cercle des vivants. Mais en outre il arriva peu à peu, à mesure que les conquérants saxons et danois se fixèrent à demeure sur le sol anglais et s'y multiplièrent, que les forêts furent entamées, défrichées ou sillonnées de sentiers, les marécages lentement desséchés; alors, pour vivre, l'*outlaw* dut fuir dans les royaumes voisins. Ainsi la mise hors la loi fut fatalement doublée de l'exil. Cette transformation logique se manifeste clairement dans les textes eux-mêmes. Être un *outlaw*, au temps d'Edgar, c'est être exilé; rentrer en grâce, c'est revenir dans la patrie : « Sit utlaga, id est exul vel exlex, nisi rex ei patriam concedat[1]. » Dans les lois d'Aethelred, dans celles de Canut, les mots d'*utlah* et de *forisbannitus* paraissent concurremment, dans les mêmes textes et avec le même sens[2]. Enfin Canut ordonnait formellement de quitter le pays à tous ceux qui avaient subi cette condamnation : « Praecipimus ut... apostatae et utlagae Dei et hominum patriam exeant, si non resipuerint et digne poeniteant[3]. » Entre la peine de l'abjuration, qui entraînait l'exil perpétuel, la mort civile, la confiscation des biens, et la mise hors la loi qui, au temps des Anglo-Saxons, produisait tous les mêmes effets, il y avait, on l'avouera, de singulières analogies.

Il est vrai que l'*abjuratio regni* comportait un serment, tandis qu'on n'en trouve aucune trace dans la procédure d'*utlagatio*. Mais il n'est pas très difficile d'imaginer comment cet élément nouveau a pu s'ajouter aux autres. Nous avons vu que l'*utlagan* était la pénalité édictée contre les grands crimes. Le jour où elle eut pour effet principal de bannir à jamais le coupable de son pays, le législateur eut pour premier devoir de prévenir le retour du condamné et par suite le renouvellement de ses fautes. Il se

1. Edgar, c. 3.
2. Aethelr., c. 1, par. 13 ; Canut, II, c. 13.
3. Canut, II, c. 4. Bracton considérait plus tard l'*utlagatio* comme un exil ; v. t. II, p. 398.

trouvait déjà en possession d'une garantie, qui était le supplice
auquel l'*outlaw* s'exposait en revenant. A cette garantie il en
ajouta une autre, très sûre aussi en ces temps où le parjure était
puni à l'égal de l'homicide[1] : ce fut le serment. L'individu condamné à l'exil perpétuel dut jurer de ne jamais revenir.

Or, c'était chose très simple d'obtenir ce serment du coupable,
chaque fois que le juge le tenait entre ses mains. Mais, quand il
se dérobait à l'action de la justice et qu'on était réduit à le condamner par défaut, il devenait impossible de recourir au même
moyen, et il fallait bien se contenter de la vieille procédure. Ainsi
s'explique, par une marche très naturelle, que la mise hors la loi
se soit dédoublée, que l'*outlawry* proprement dite, et selon l'ancienne formule, soit restée le châtiment exclusif des accusés qui
ne répondaient pas et prenaient la fuite, tandis que l'abjuration
fut la peine réservée aux auteurs de certains crimes, quand ils
comparaissaient.

Il reste à se demander à quelle époque, sous l'action de quelles
circonstances ou par la volonté de quel prince ce dédoublement
s'opéra. Quand ces deux pénalités, distinctes de nom et de forme,
se séparèrent-elles avec le caractère précis qu'elles devaient con-
server? Sur ce point, les textes sont muets; il faut se résigner
à ne rien savoir. Tout au plus pouvons-nous émettre une
hypothèse : on rapporte que le roi Canut infligeait plus volontiers la peine du bannissement que celle du dernier supplice.
« Il aimait mieux, dit Saxon le Grammairien, punir les siens
de la proscription que de la mort, et il leur accordait le droit
de fuir... Ce qu'il voulait, c'était la honte des coupables, non
leur vie, et il les croyait mieux punis par un châtiment désho-
norant que par une peine sanglante[2]. » Il disait dans une de
ses lois : « Qu'aucun chrétien ne soit exécuté, au moins pour
un motif futile; que la justice soit douce; qu'on ne détruise
pas ce que Dieu a créé. » Et il ordonnait d'expulser de son
royaume toutes les créatures infâmes qui le souillaient de leur
présence, les sorcières et les enchanteresses, les empoisonneurs,
les meurtriers, les courtisanes[3]. On peut supposer que sous ce

---

1. Cf. Canut, II, c. 6.

2. *Saxonis Grammatici...*, libri XVI (*vid. sup.*), p. 309-310; cf. *Suenonis
Aggonis filii... quae extant opuscula*, Sorae, 1642, in-8°, p. 192-194; Du Cange,
Gloss., art. *Abjurare.*

3. Canut, II, c. 2, par. 1; II, c. 4.

règne les juges condamnèrent souvent les coupables à l'exil, et que ce roi législateur, animé d'un très vif sentiment religieux, d'un singulier respect pour le serment[1], précisa peut-être la procédure d'*utlagatio* et la transforma en celle d'abjuration chaque fois que la présence des accusés rendait cette formalité possible.

Mais ce n'est là qu'une hypothèse. Ce qui est certain, c'est qu'au début du XIIe siècle, dans les lois dites d'Edward le Confesseur, l'abjuration se trouvait mentionnée, sans le moindre commentaire explicatif, comme un châtiment connu et dès longtemps passé dans les mœurs : « Qu'il abjure la province et ne revienne pas, « provinciam forisjuret nec redeat. » Si l'on ajoute que ce code était une œuvre privée, destinée assurément dans l'esprit de l'auteur à reproduire l'état du droit ancien, on peut croire que l'usage de l'abjuration n'était pas alors d'une pratique nouvelle et qu'il avait dû se développer au plus tard dans le courant du XIe siècle. Et, comme nous ne trouvons dans les monuments législatifs de ce temps aucun règlement qui l'ait établi, il est à croire qu'il n'a pas été l'objet d'une création immédiate et spéciale, mais qu'il est sorti, par une évolution naturelle et lente, des vieilles institutions nationales, de l'*utlagatio* anglo-saxonne.

Quoi qu'il en soit, le recours à l'abjuration, comme pénalité judiciaire, se généralisa au XIIe et au XIIIe siècle. Sous Henry II, les assises de Clarendon et de Northampton édictèrent ce châtiment contre tout individu accusé de meurtre, de vol ou d'incendie, dont l'ordalie prouverait la culpabilité, et même contre ceux qu'elle acquitterait, s'ils étaient de mauvaise réputation[2]. Plus tard, en 1215, Jean Sans-Terre frappait un faussaire de la même peine[3]. Henry III, le 26 janvier 1219, ordonnait à ses juges de ne l'infliger qu'aux criminels dont ils pouvaient espérer le relèvement, et de jeter en prison tous les impénitents qui paraissaient destinés à la récidive[4]. Quelques années après, en 1233, un writ pour la conservation de la paix portait que toute personne, trouvée en possession d'un bien dont elle ne saurait expliquer l'acquisition, serait enfermée durant un an et un jour, et qu'alors, si elle

1. Canut, II, c. 6.

2. Ass. de Clarendon, art. 14; ass. de Northampton, art. 1; cf. Bracton, II, p. 396; Pike, I, p. 131; Reeve, I, p. 234.

3. Will. Dugdale, *The Antiquities of Warwicksire*, Londres, 1656, fol., p. 672, col. 2.

4. *Pat. Rolls* 3 Hen. III, m. 5, cité par Prynne, II, Addit. App., p. 20.

ne pouvait fournir caution, elle serait forcée d'abjurer le royaume[1]. Il serait facile de multiplier ces exemples; en voici deux encore, d'un intérêt particulier, parce qu'il s'agit de personnages considérables : parmi ceux qu'Edward Ier condamna à l'abjuration, se trouvait Pierre de Gaveston, le futur favori d'Edward II, destiné sous le règne suivant à une haute et sanglante fortune[2]; un autre fut Thomas de Weyland, l'un de ses grands justiciers, qui s'était rendu coupable de concussion.

> Quaunt li rais Eduuard avait demoré
> Trois aunz dela la mer, Dieu l'ad remené.
> A son repair trova, par plainte presenté,
> Ses justises et ses clercs attaint de fauseté.
>
> . . . .
>
> Thomas de Wilaund en baunk primer nommé,
> Par agarde de la court le reigne ad forjoré,
> Et en la terre de France sanz repairer alé[3].

Ainsi, au XIIe et au XIIIe siècle, il n'était pas rare de voir les juges anglais infliger aux coupables la peine de l'abjuration; et comme la Grande-Bretagne, semblable à certains sols qui conservent admirablement tout ce qu'on leur confie, ne laisse jamais ses institutions s'anéantir, ce châtiment se perpétua sous cette forme première, séculière et purement juridique; mais cette forme ne fut pas la plus commune, et, dans l'intervalle compris entre le XIIIe siècle et la fin du XVIe, l'abjuration, suivant la définition très générale donnée au début de cette étude, s'associa presque toujours au droit d'asile et fut la pénalité réservée aux criminels qui avaient pris *sanctuaire*. Comment le rapprochement s'opéra-t-il entre l'immunité ecclésiastique et ce vieil usage anglo-saxon ? Comment l'élément religieux se combina-t-il avec l'élément judiciaire pour composer la coutume de l'*abjuratio regni* ? Ce sera la deuxième partie de ces recherches préliminaires, consacrées aux origines.

Le droit d'asile n'est pas un produit du christianisme; c'est un legs de l'antiquité. Mais l'Église en fit une institution universelle;

---

1. Rymer, *Fœdera* (édit. de 1816), I, part. 1, p. 209-210; cf. Pike, I, p. 218-219.

2. *Rot. Parl.*, I, p. 283 *b*.

3. *The Chronicle of Pierre de Langtoft*, édit. par Thomas Wright, Londres, 1866-68, 2 vol. in-8° (*Rer. Brit. Med. Aevi Scriptores*), t. II, p. 185-6; cf. *Stat. of the Realm*, I, p. 32, 121, 203-204.

les Barbares convertis l'acceptèrent avec la nouvelle foi, et si, dans la pratique, ils ne lui témoignèrent qu'un respect intermittent, ils ne le contestèrent jamais en théorie ; au début du moyen âge, il était entré dans le droit public des royaumes fondés sur les ruines de l'empire romain.

Ce fut le cas en Angleterre. Déjà le roi de Wessex, Ini, l'avait formellement reconnu : « Si quelqu'un, disait-il, commet un crime capital et fuit à l'église, qu'il ait la vie sauve et qu'il se rachète suivant le droit ; celui qui a mérité la peine du fouet et qui court à l'église, que les coups lui soient remis[1]. » Plus tard, Alfred accorda un répit de sept jours à tout coupable qui se jetait dans un sanctuaire[2]. Sous Aethelstan, il fut admis que le réfugié pouvait rester neuf jours dans l'asile du roi, de l'église ou de l'évêque, trois jours dans l'asile d'un ealdorman, d'un abbé ou d'un than, et durant ce délai il était inviolable[3]. Tous les rois de ce temps sanctionnaient l'immunité des sanctuaires, et, dans un texte législatif postérieur au règne de Canut, qu'on a longtemps considéré, mais à tort, comme la septième loi d'Aethelred, cette franchise est encore reconnue[4]. Enfin, Guillaume le Conquérant, confirmant les lois de ses prédécesseurs, « que li reis Edward, sein cusin, tint devant lui, » faisait en commençant cette déclaration solennelle : « Ceo est a saver : pais a seinte iglise. De quel forfeit, que hom fet oust, e il poust venir a seinte iglise, oust pais de vie et de membre. E si aucuns meist main en celui ki la mere iglise requereit, si ceo fust u evesque u abeie u iglise de religiun, rendist ceo, qu'il aureit pris, e cent souz le forfeit ; et de mere iglise de parosse, xx souz, e de chapele, x souz[5]. »

Ainsi le droit d'asile, transplanté sur le sol anglais, y avait poussé de profondes racines. Les gens du monde croient volontiers que l'immunité dont jouissaient les églises dérobait les réfugiés à toute espèce de châtiment civil ou corporel. C'est une

---

1. Lois d'Ine, c. 5 ; cf. Wallon, p. 55 ; de Beaurepaire, *Bibl. de l'Éc. des chartes,* 3ᵉ série, t. IV, p. 575.

2. Alfred, c. 5.

3. Aethelstan, V, c. 4 ; cf. Wallon, p. 79.

4. Schmid, Anhang IV, c. 16-17, et p. LXIV. Même certains asiles saxons étaient célèbres, comme le siège de paix de Beverley, qui portait cette inscription : « Haec sedes lapidea Freedstoll dicitur, id est Pacis cathedra, ad quam reus fugiendo perveniens, omnimodam habet securitatem. » (Spelman, *Gloss. Archæol.,* art. Fridstoll.)

5. Lois de Guill., I, préamb. et c. 1.

erreur. Elle avait seulement pour conséquence de réduire la peine
du coupable, et surtout de l'arracher à la mort et aux mutila-
tions. « Sous les lois romaines, » dit très bien M. de Beaurepaire,
« le droit d'asile n'avait d'autre effet que de protéger momenta-
nément le réfugié, et de ménager l'intercession du prêtre. Sous
les lois franques, il emportait la grâce de la vie et des membres,
en vertu de la transaction opérée au moyen de la composition
entre le prévenu et l'offensé ou sa famille. Sous Charlemagne, il
se fermait tout au plus pour une petite classe de criminels et s'ou-
vrait pour les autres, jusqu'au moment du jugement, jusqu'à
l'heure où les rachimbourgs venaient les réclamer pour les conduire devant le tribunal. La justice les condamnait à la peine
qu'elle jugeait convenable, la mort et la mutilation exceptées,
par respect pour les églises. Au moyen âge, il conserva généralement ce caractère[1]. » De même en Angleterre : les lois saxonnes
que nous venons de rappeler ne mettaient pas le réfugié à l'abri
de toute pénalité; Ini lui permettait de se racheter; Alfred et
Aethelstan ne lui accordaient l'impunité absolue que pour un
nombre de jours étroitement limité, et Guillaume proclamait seulement qu'il eût « pais de vie et de membre. » Si donc il fallait
renoncer à la peine capitale, quel était le plus rude châtiment à
infliger au suppliant? La prison en ce temps n'était que préven-
tive; c'était une punition trop onéreuse à la société qui l'infligeait
pour qu'on y eût recours. Mais, à défaut de l'incarcération, il restait du moins l'exil ou la confiscation des biens. Or, il y avait
précisément en Angleterre une pénalité nationale, qui comportait à la fois et le bannissement et la confiscation : c'était l'abjuration. Elle offrait le triple avantage de satisfaire l'Église, vu
qu'elle respectait la personne des condamnés, d'enrichir le roi,
qui s'attribuait leurs dépouilles, et de prévenir les récidives par
l'expulsion des coupables. Faut-il s'étonner qu'on l'ait appliquée
aux criminels qui se jetaient dans les sanctuaires? De même en
France, le style du Châtelet et la coutume de Champagne voulaient que l'on bannît les réfugiés[2]. L'association du droit d'asile
et de l'abjuration était toute naturelle; elle était presque fatale.

Quand se produisit-elle? Nous l'ignorons. Le premier texte qui
la révèle est la fameuse loi déjà citée, dite d'Edward le Confes-

1. *Bibl. de l'Éc. des charles*, 3ᵉ sér., V, p. 167; cf. IV, p. 577-8.
2. *Ibid.*, V, p. 171.

seur : « Le coupable qui se sauvera dans l'église ne pourra être arrêté par personne, si ce n'est par l'évêque et ses serviteurs ; il jouira de la même franchise dans la maison et dans la cour du curé, si elles se trouvent sur le fonds ecclésiastique. Si c'est un voleur ou un ravisseur, qu'il remette ce qu'il a pris à tort, et, s'il l'a dissipé, qu'il le rende sur son bien, s'il le peut. S'il a l'habitude de voler et de fuir à l'église, qu'après restitution *il abjure la province et ne revienne pas ;* s'il revient, que personne ne se permette de l'accueillir, si ce n'est avec la permission du roi[1]. » Sous cette forme, cette loi remonte sans doute à la première moitié du XIIe siècle ; mais, comme le recueil dont elle fait partie avait pour objet de reproduire et de sanctionner les vieux usages, il est possible que ce fût déjà une ancienne coutume. Il y a toutefois dans cette rédaction encore un peu d'incertitude : il ne s'agit que des voleurs, non des criminels ; l'abjuration n'est imposée qu'aux réfugiés coupables de plusieurs larcins ; enfin, on se demande ce qu'il faut entendre par l'expression : « Provinciam forisjuret. » Un siècle après, l'incertitude avait disparu, l'institution s'était fixée, il était admis que tous les réfugiés avaient le droit d'abjurer le pays, et le clergé d'Angleterre, en 1257, se plaignant au roi que cette franchise ne fût pas respectée, la proclamait conforme à la coutume du royaume et lui décernait ainsi un brevet d'ancienneté : « Cum aliquis ad immunitatem ecclesiae fugitivus existat... aliquando, postquam secundum regni consuetudinem terram abjuraverit, etc.[2]... » C'est dans l'intervalle, probablement au cours du XIIe siècle, que cet usage a dû se préciser.

Nous voici parvenus au terme de ces recherches premières et laborieuses. Si la genèse que nous venons de reconstituer est la vraie, la coutume de l'*abjuratio regni* est née de la vieille procédure d'*utlagatio*, qui en contenait les éléments en germe, et de l'universel droit d'asile, commun à toutes les nations chrétiennes. *A priori* il était à présumer que cette forme très anglaise de l'immunité ecclésiastique n'avait dû être qu'une adaptation aux institutions nationales : l'examen des faits a confirmé cette vue.

Mais, dira-t-on, si cet usage ne s'est précisé qu'au XIIe siècle, et qu'on le retrouve également en Normandie, ne se serait-il pas

1. Edw. le Conf., c. 5 ; cf. Wallon, p. 80.
2. *Matthaei Parisiensis Chronica Majora*, édit. H. R. Luard, Londres, 1872-83, 7 vol. in-8° (*Rer. Brit. med. aevi Scriptores*), t. VI, p. 357.

développé sous l'influence des rois normands et angevins? Et
même ne l'auraient-il pas importé en Angleterre? Que les rois
de ce temps se soient montrés favorables à cette coutume et l'aient
rendue générale, rien de plus vraisemblable; qu'ils l'aient amenée
avec eux, rien de moins plausible. D'abord, nous avons vu qu'au
commencement du XIIe siècle, plus de cinquante ans après la conquête, elle était encore indécise, et qu'elle s'est lentement fixée :
tel n'est pas le caractère des institutions imposées de toutes pièces.
Ensuite on peut, nous le savons, la rattacher directement aux
anciennes pratiques saxonnes; il ne serait pas aussi facile de
l'extraire des vieux usages normands. Enfin, si elle n'apparaît
en Angleterre qu'au début du XIIe siècle, on ne la trouve pas mentionnée dans les textes français avant le commencement du XIII[e][1].
Toutes ces difficultés disparaissent si l'on admet que l'abjuration
nationale est une coutume d'origine saxonne, et que les rois
anglais l'étendirent à diverses régions qui leur étaient soumises;
nous verrons que le pays de Galles en fut doté au même titre que
la Normandie.

II.

Le droit anglais, au XIIIe siècle, a trouvé des théoriciens. De
grands jurisconsultes, Bracton, Britton, l'auteur inconnu de la
Fleta, ont étudié la législation de leur temps et nous en ont laissé
un exposé substantiel, méthodique et raisonné. Ils vont nous
apprendre comment le serment de l'abjuration se prêtait, dans
quelles circonstances, à quelles conditions, et les effets qu'il
entraînait. Mais la théorie d'une institution est souvent une image
infidèle de la réalité; nous aurons donc à rechercher ensuite, dans
les documents du XIVe et du XVe siècle, ce que l'abjuration devenait dans la pratique, si l'on y recourait souvent, et de quelle
façon. Enfin, nous devrons nous demander si, durant ces deux
siècles, à la suite des incessants débats dont le droit d'asile fut
l'objet, cette coutume ne s'est pas modifiée.

« Il y a des gens, dit Bracton, qui, devant être arrêtés, se réfu-
gient dans une église ou dans un autre lieu religieux ou privilé-
gié[2]. » En effet, toutes les églises assuraient l'immunité, à

---

1. V. plus loin.
2. II, p. 392; cf. Fleta, p. 45.

condition cependant qu'elles fussent duement consacrées, et
M. Jusserand, dans ses études sur la vie nomade en Angleterre,
raconte que, sous le règne d'Edward Ier, un réfugié fut légalement arraché d'un sanctuaire, qui n'avait pas reçu la consécra-
tion de rigueur[1]. A cette première catégorie de lieux d'asile,
s'en ajoutaient d'autres : les cimetières, certains cloîtres, des
abbayes, comme celle de Westminster, des collèges, des hôpitaux
ou même des lieux quelconques, quartiers ou places, qui tenaient
ce privilège d'anciennes bulles ou de chartes spéciales[2]. Mais ceci
n'était nullement particulier à l'Angleterre : il n'y a pas lieu d'y
insister.

Quand le coupable avait pris sanctuaire, s'il refusait de se
livrer à la justice de ses pairs, il devait déclarer, sous peine
d'expulsion, qu'il avait commis un méfait et qu'il se réclamait
du droit d'asile : point n'était besoin de préciser davantage. On
prévenait les coroners du comté et aussitôt l'un d'eux se rendait
en personne sur les lieux, interrogeait le coupable, recevait sa
confession détaillée et l'enregistrait. Même, s'il faut en croire
Britton, il ne devait instrumenter qu'en présence des voisins et
de représentants des quatre villages les plus proches[3].

Cet aveu fait et recueilli, le réfugié pouvait invoquer à son
profit le bénéfice de l'abjuration : ce privilège était de droit. Mais
il n'était pas obligatoire, et l'intéressé pouvait aussi le repousser.
S'il refusait d'abjurer, qu'arrivait-il? Bracton discute longue-
ment la question. Était-il admissible qu'on l'arrachât du sanctuaire? Non, dit-il, ce serait horrible et sacrilège. Il appartien-
drait à l'ordinaire du lieu, à l'archidiacre, à l'official ou au curé
de l'expulser, « car le glaive doit aider le glaive, et il n'y a pas
injustice à appliquer la justice, quia gladius debet juvare gla-
dium, et juris executio non habet injuriam. » Mais les ordinaires
s'y refusent; ils craignent d'encourir l'irrégularité, comme les
laïques l'excommunication. Cependant les réfugiés récalcitrants
montrent par leur obstination qu'ils sont les ennemis de la paix et
du roi qui a pour mission de veiller à la sûreté générale : on a le
droit de les punir. En conséquence, si le clergé ne veut pas les

1. P. 272-3.
2. Brook, Abridg., fol. 186 v°, n° 181; cf. de Beaurepaire, *Bibl. de l'Éc. des
chartes*, 3° sér., t. V, p. 152-161.
3. Bracton, II, p. 392-4; Britton, I, p. 65-6; Fleta, p. 45; cf. Staunforde,
fol. 119 v°.

chasser, Bracton estime qu'au bout de quarante jours il faut cerner l'église, les garder à vue, leur refuser le manger et le boire et traiter en ennemi public quiconque leur passera des vivres. Ainsi la faim les chassera du sanctuaire, et on pourra les arrêter[1]. En somme, à la violence immédiate et brutale, il substituait la violence douce et à long terme; il trouvait, dans ce procédé équivoque et d'une franchise douteuse, le moyen de concilier ses instincts de justicier et ses scrupules de chrétien. Le système était ingénieux, et les autres jurisconsultes le préconisaient aussi[2]. Seulement, Britton comptait le répit des quarante jours, non depuis l'entrée du réfugié dans le sanctuaire, mais à partir de l'arrivée du coroner. La théorie générale était cependant celle de Bracton, car on lit dans une lettre close de la quatorzième année d'Edward Ier : « D'après la coutume de notre royaume, aucun coupable, fuyant dans une église, ne doit y demeurer plus de quarante jours sous notre protection, nullus pro transgressione sua fugiens ad ecclesiam, in eadem ecclesia ultra quadraginta dies sub protectione nostra morari debet[3]. »

Britton estimait aussi qu'il fallait non seulement guetter et affamer les irréductibles, mais encore saisir leurs biens, meubles et immeubles : « Et tantost face le corouner seyser lour terres et lour chateus en nostre meyn, et face priser lour chateus et deliverer à la villée, ensint que mes ne soint de nostre pez, jekes autaunt qe il soint aquitez en nostre court des choses dunt il serroient acoupez[4]. » Ainsi le droit d'asile ne garantissait au malheureux qui refusait d'abjurer ni la vie sauve ni la conservation de ses biens.

Si, en revanche, il y consentait, ce n'était que l'exil partiel auquel il se condamnait : ce qu'il s'engageait à quitter pour toujours, ce n'était pas l'ensemble des pays formant l'empire britannique, mais seulement la partie de cet empire où il avait commis son crime ou son délit, soit le royaume d'Angleterre, soit la terre d'Irlande, ou bien la Normandie, ou même les îles anglo-normandes[5]. Il y avait dans cette interprétation étroite comme une

----

1. Bracton, II, p. 396-8.
2. Britton, I, p. 17, 63-65; Fleta, p. 45-46.
3. Claus. 14 Ed. I, m. 3, cité par Prynne, III, p. 358; cf. Fitzherbert, p. 253 r°, n° 191; Staunforde, f. 118 f-119 a; Brook, f. 186 v°, n° 180.
4. I, p. 62-63.
5. Bracton, II, p. 394; Britton, I, p. 64; Rot. Parl., I, p. 154 a.

vague réminiscence de la vieille coutume saxonne : « Provinciam
forisjuret. » Seulement la province s'était étendue, partout au
moins où elle n'était pas resserrée par la mer, et elle était deve-
nue un duché, une terre, un royaume.

Quand il avait manifesté ses intentions, le réfugié prêtait le
serment de l'abjuration, à la porte du cimetière ou du sanctuaire,
à peu près en ces termes : « Oyez ceci, vous Coroner, et autres
bonnes gens ; que moi, un tel, pour telle félonie dont je me suis
rendu coupable ou complice, je sortirai du royaume d'Angleterre, — ou de la terre d'Irlande, — et jamais ne retournerai,
sinon par le congé des rois d'Angleterre ou de leurs hoirs ;
qu'ainsi Dieu et les saints me soient en aide[1]. » Ensuite il devait
choisir le port où il comptait s'embarquer, ou, s'il préférait gagner
l'Écosse, la route qu'il voulait suivre ; selon d'autres, c'était le
coroner qui les lui assignait. Puis l'officier public lui fixait le
nombre de ses journées et lui adressait une série de recommanda-
tions : de ne jamais s'écarter de routes royales, de ne séjourner
nulle part deux nuits consécutives, de ne s'adonner en chemin à
aucune réjouissance, de se rendre en droite ligne à son port et
de s'embarquer le plus vite possible. L'abjureur, — dès lors il
portait ce nom, — n'était pas contraint de partir sur-le-champ :
il pouvait rester dans l'église, y faire des préparatifs de voyage,
à condition toutefois de ne pas demeurer dans le royaume au delà
des quarante jours réglementaires ; mais sous aucun prétexte on
ne pouvait lui rendre sa liberté sous caution, car il s'était jugé
lui-même et subissait la loi des condamnés. Enfin, quand il se
mettait en route, suivant les injonctions du coroner, c'était en
une tenue spéciale : il devait marcher la tête nue, vêtu d'une
longue robe blanche flottante, comme celle des condamnés à mort,
les pieds déchaux et portant à la main une croix de bois, la
« bannière de mère Église. » Ce costume de pénitent était destiné
à le faire reconnaître et à le protéger contre toute violence, car

---

1. Britton, I, p. 63-64 ; cf. Fleta, p. 45 ; Bracton, II, p. 394 ; *Laws of Wales*,
p. 865-6 ; cf. Staunforde, fol. 120 rº. Toutes les formules données par ces auteurs
se ressemblent ; il y en a une toutefois, dans la collection des statuts (I, p. 250),
qui diffère sensiblement des autres : elle est très longue ; le réfugié décrit ses
fautes, abjure et annonce tout ce qu'il devra faire jusqu'au moment où il quit-
tera le sol anglais. Mais ce texte ne porte pas de date ; on en ignore la prove-
nance et il est incorrect ; de plus, il est trop détaillé pour avoir pu être en
usage. C'est plutôt, sous la forme d'un serment, le résumé de toute la pratique
de l'abjuration.

les statuts lui garantissaient la vie sauve[1]. Ce devait être un curieux spectacle, bien que parfois peu rassurant, de rencontrer sur les grandes routes ces fantômes ambulants, ces êtres morts pour le pays qu'ils quittaient à jamais, et que la société, par respect pour d'antiques traditions, protégeait contre elle-même.

Arrivé sur le bord de la mer, l'abjureur devait s'embarquer; s'il ne trouvait pas de navire en partance, il devait entrer dans l'eau, chaque jour, jusqu'aux genoux, selon les uns, jusqu'au cou suivant d'autres, prouvant ainsi qu'il essayait en vain de traverser les flots, et, s'il prenait du repos, ce devait être sur la grève. Si, dans le délai des quarante jours, il ne parvenait pas à quitter le pays, il devait, en attendant l'occasion souhaitée, se jeter de nouveau dans un sanctuaire[2].

Une fois en exil, il ne devait jamais revenir, si ce n'est de l'aveu du roi. Si, infidèle à son serment, il restait ou reparaissait dans le pays d'où il s'était banni, il était arrêté et condamné à mort; s'il opposait de la résistance, on pouvait le tuer. « Si quis ita exulatus exilio non obtemperavit, poena capitali puniatur, » dit Bracton, et l'auteur de la Fleta ajoute : « Si sine licentia redierit, impune poterit decollari, nisi captus fuerit[3]. »

Ses biens étaient toujours confisqués : ils tombaient en déshérence et par suite en eschoite, comme ceux des pendus et des *outlaws*. « Il y a, » dit un document contemporain d'Edward Ier, « trois formes de lettres d'eschoite : « quia utlagatus, vel suspen-« sus, vel quia abjuravit regnum[4]. » A l'exception de ses vêtements de voyage et de sa croix de bois, on lui prenait tout son avoir : ses châteaux et ses biens propres passaient au roi; s'il se trouvait nanti d'un fief ou d'une tenure, le fief retournait au suzerain, la tenure au propriétaire foncier. Britton cependant croyait que, si l'abjureur avait seulement commis un délit, il ne fallait saisir que ses biens meubles, et que le reste pouvait passer à ses héritiers. Du moins pour les criminels, la règle était sans réserve, la confiscation illimitée[5].

---

1. Bracton, ibid.; Britton, I, p. 64-65; Fleta, p. 45-46; Stat. de Westm., 3; Edw., I, c. XV; Math. Paris. Chron., VI, p. 357; cf. Coke, III, p. 116.

2. Fleta, p. 46; Stat., I, p. 250.

3. Bracton, II, p. 398; Fleta, ibid.; Stat., I, p. 173; cf. Staunforde, fol. 117 *d*.

4. *Rot. Parl.*, I, p. 52 *b*; cf. Littleton, I, p. 92 *b*.

5. *Rot. Parl.*, I, p. 66-67; Britton, I, p. 66; Staunforde, fol. 120 v° A; cf. Pike, II, p. 252.

La loi ne les dépouillait pas uniquement de leurs droits réels, elle faisait d'eux des morts. Nous en trouvons la preuve dans certaines règles de jurisprudence établies par le Parlement. En Angleterre, en effet, la communauté de biens entre époux était absolue, et tout ce que la femme pouvait acquérir appartenait aussi au mari. Or, en la dix-huitième année d'Edward Ier, Margaret de Mose revendiqua la possession d'un manoir qui lui avait été inféodé, à elle et à son époux, Thomas de Weyland ; celui-ci ayant abjuré, le comte de Gloucester, son suzerain, reprit à lui la seigneurie ; aux prétentions de Margaret de Mose, il objectait qu'une femme, du vivant de son mari, ne pouvait rien avoir à elle seule, et que, d'autre part, la coutume interdisait à Thomas de Weyland, banni du royaume, de posséder en Angleterre quoi que ce fût. Il y eut consultation solennelle : les magistrats des deux bancs se réunirent, on manda les jurisconsultes les plus experts, on fouilla les archives judiciaires ; enfin, on donna satisfaction à Margaret, et on la traita comme une veuve[1]. De même Edward III ayant cité en justice Lady de Maltravers, elle répondit qu'étant mariée, elle ne pouvait ester en personne, et qu'en vertu de la loi son époux encore vivant la devait représenter. Mais celui-ci avait abjuré : sa prétention ne fut pas admise et elle dut comparaître[2]. En cas de simple rélégation, les mêmes principes n'eussent pas prévalu ; mais, chaque fois qu'il y avait bannissement, la jurisprudence était formelle. C'est que l'abjureur ne vivait plus que selon sainte Église, « secundum Sanctam Ecclesiam. » Aux yeux de la loi, il n'existait plus, il était frappé de mort civile[3].

Cependant l'abjuration n'entraînait pas toujours ces effets, parce qu'elle n'était pas toujours valable. Ainsi elle était nulle quand ce n'était pas le coroner qui l'avait recueillie en personne. D'autre part, si le réfugié s'accusait faussement d'un crime imaginaire ou dont il était innocent et s'exilait ainsi sans motif, il pouvait se recommander à la grâce du roi, rentrer dans le royaume, et les siens n'étaient pas déshérités. De même, celui qui ne prenait sanctuaire qu'une fois accusé par un jury ou après condamnation n'avait plus le droit d'abjurer, et, à l'arrivée du

1. *Rot. Parl.*, I, p. 66 ; cf. Littleton, I, p. 132 v°-133 r°.
2. Littleton, ibid.
3. Littleton, ibid. ; cf. sir W. Blackstone, *Commentaries on the Laws of England*, nouv. édit. par R. Malcolm Kerr. Londres, 1857, 4 vol. in-8°, t. I, p. 118-119 ; Brown, *Law. Dict.*, art. Abjuration.

coroner, il devait évacuer l'asile où il s'était enfui ; si toutefois il parvenait à tromper le magistrat et prêtait le serment réglementaire, celui-ci n'était pas valable, et l'infortuné pouvait être arrêté en chemin[1].

Le privilège de l'abjuration était refusé, non seulement aux condamnés, mais encore aux auteurs de certains crimes et à une certaine classe de personnes, « ratione materiae et ratione personae. » Ces crimes, c'étaient les félonies commises dans les églises : les malheureux coupables de ces sacrilèges ne jouissaient pas de l'immunité, et nous savons qu'en la quatorzième année d'Edward II, une femme ayant tué un clerc dans un sanctuaire de Londres et s'y tenant cachée, l'évêque la fit arracher de l'asile ; trois jours après elle fut pendue[2]. C'est cette exception que le jurisconsulte Staunforde justifiait plus tard par l'axiome suivant : « Frusta legis auxilium invocat qui in lege delinquit[3]. » Quant aux personnes exclues, c'étaient précisément les membres du clergé : en 1257, les prélats d'Angleterre, présentant à leur roi une liste de griefs, se plaignaient que l'on fît abjurer des clercs, et, dans sa réponse, Henry III promettait de mettre un terme à cet abus, de rendre les coupables à leurs juges naturels[4]. Quelques années plus tard, en 1286, l'évêque de Lincoln écrivait à Edward Ier qu'un curé, Richard de Scarborough, à la suite d'un vol, s'était jeté dans un sanctuaire, aspirant au bannissement, et il le suppliait de l'en arracher, de le remettre entre ses mains[5]. Ainsi l'Église, qui revendiquait en faveur des laïques le respect du droit d'asile, et qui savait l'imposer, se réservait de refuser aux siens ce privilège. L'inconséquence était plus apparente que réelle : en effet, l'asile avait pour principe et pour but de sauver la vie des malfaiteurs ; or, la peine de mort ne figurait pas au nombre des châtiments infligés par les tribunaux ecclésiastiques ; cette mansuétude, souvent excessive, autorisait du moins les évêques à refuser aux clercs le bénéfice de l'immunité. En second lieu, ceux-ci ne relevaient légalement que du for ; or, abjurer entre les mains d'un coroner et avec sa sanction, comme devant

1. Bracton, II, p. 394-96 ; Britton, I, p. 65 ; Fleta, p. 46 ; cf. Fitzherbert, fol. 257 r°, n° 335 ; Staunforde, fol. 117 c ; Brooke, *Abr.*, fol. 184 r°, n° 110.

2. *Chroniques de London* (Camd. Soc.), édit. G. J. Aungier. Londres, 1844, in-8°, p. 142.

3. Fol. 117 b ; cf. Coke, III, p. 115 ; Hawkins, II, c. 9, sect. 44.

4. *Stat. of the Realm*, I, p. 173 (*Articuli Cleri*, c. XV).

5. Claus. 14 Edw. I, m. 3, cité par Prynne, III, p. 358.

un juge, c'était se reconnaître le justiciable d'un officier laïque ; c'était s'exposer aussi, en cas de retour, à la peine capitale, c'est-à-dire à la juridiction des cours séculières, qui seules pouvaient la prononcer.

Telle était, nettement fixée par les juristes, par les décisions du Parlement et par les lois, la théorie de l'abjuration dans le royaume d'Angleterre. Or, cette institution s'étendait aussi au pays de Galles et à la Normandie : la retrouvait-on partout réglée suivant les mêmes formes, identique à elle-même ?

Une fois maître du pays de Galles, Edward Ier lui donna une organisation précise : il se fit lire les lois nationales, en supprima quelques-unes, en confirma d'autres, en ajouta plusieurs, et de ce remaniement sortit un statut général[1]. Un des chapitres qui le composent porte le titre suivant : « Office du coroner, quand un voleur, ou un homicide ou un malfaiteur quelconque aura fui à l'église. » Là se trouve résumée en peu de lignes toute la coutume de l'abjuration. Que le coroner fasse convoquer des prud'hommes du voisinage ; qu'en leur présence soit faite la confession ; que le félon soit mené à la porte de l'église ; que le coroner lui assigne un port et qu'il abjure le royaume ; que, suivant la distance du port indiqué, un délai proportionné lui soit accordé ; que, pour gagner ce port, une croix à la main, il ne s'écarte jamais de la route royale, ni à droite ni à gauche[2]. Il n'y a, dans cette description très sommaire, aucun détail nouveau. L'ensemble seul est intéressant, car il nous révèle la place fondamentale que l'abjuration tenait dès lors dans la législation anglaise ; à peine le pays de Galles était-il soumis, cette coutume lui était immédiatement étendue.

En Normandie, cet usage se pratiquait dès le début du xiiie siècle. Philippe-Auguste le confirma, quand il se fut emparé du duché, et il ressort de certaines enquêtes, faites par son ordre, qu'on y recourait volontiers[3]. Toutefois, cette institution n'occupait, semble-t-il, qu'une place modeste et encore indécise dans le droit de ce temps, du moins s'il faut en juger par le plus vieux monument de ce droit, le Très ancien Coutumier de Normandie : ce recueil est une compilation de deux traités juxtaposés, l'un datant

1. *Ancient Laws of Wales*, p. 863 sqq.
2. *Ibid.*, p. 865-66.
3. Floquet, *Privil. de Saint-Romain*, I, p. 114 ; v. les *Chartes de Notre-Dame de Bonne-Nouvelle de Rouen*, publ. par Du Cange, art. *Abjuratio* 1.

de 1199 ou 1200, l'autre rédigé vers 1220[1]; dans le premier, aucune allusion n'est faite à la question de l'abjuration, bien que l'auteur traite celle des fugitifs, et le nom n'en est même pas prononcé. Dans le second, ce genre de bannissement volontaire est mentionné, et un chapitre est consacré aux conséquences qu'il entraînait, la confiscation, les incapacités civiles, l'interdiction de séjour dans le pays[2]. Mais ces indications sont encore très incomplètes, et il n'est rien dit de l'attitude du réfugié dans l'asile, du serment qu'il prêtait, de son exode. Quelques années après, ces détails étaient prévus, et le Grand Coutumier de Normandie, qui date du dernier tiers du xiiie siècle, énumère avec précision toutes les formalités de l'abjuration. Comme on pouvait le prévoir, le système normand était conforme en ses grandes lignes à la théorie anglaise et ne s'en distinguait que par des différences de détail : ainsi il reconnaissait, parmi les lieux d'asile, les croix fixées dans le sol, et le malheureux qui se jetait au pied de l'une d'elles ne devait pas en être arraché; en second lieu, le délai pendant lequel le réfugié jouissait de l'impunité absolue, sans crainte d'être affamé, était, non de quarante jours, mais de neuf; son serment contenait aussi une promesse spéciale, c'est qu'en chemin il ne ferait de mal à personne; enfin, — dernière particularité et la plus intéressante, — les clercs en Normandie étaient admis au privilége commun, grâce au compromis suivant : on les remettait au for ecclésiastique qui les jugeait; s'ils étaient reconnus coupables, ils étaient dégradés, et dès lors ils pouvaient abjurer le duché; si ensuite ils revenaient, le roi pouvait sans péché tirer d'eux justice, comme de simples laïques[3]. Ainsi le voulait du moins la jurisprudence de la cour de l'Échiquier.

En résumé, au début du xive siècle, l'abjuration n'était plus une simple pratique anglo-normande; les jurisconsultes en avaient construit la théorie : théorie très précise, puisqu'elle déterminait toutes les formes de cette renonciation solennelle et en prévoyait les divers effets; très générale, car elle était commune à différents pays successivement réunis sous le même sceptre; très uniforme aussi, sauf quelques différences régionales; théorie

---

1. V. la préface de M. Jos. Tardif, p. xlix sqq., lxv sqq.

2. Ch. lxxxviii; cf. texte franç., p. 77-78.

3. Ibid., et ch. lxxxii (Bourdot de Richebourg, IV, p. 33) : « Ou il se aerd a une croix qui soit fichée en terre. » — Jugement de l'Échiq. de 1205 (Du Cange, *loc. cit.*; cf. Floquet, *Privil. de Saint-Romain*, I, p. 112-115).

très originale enfin, vu qu'elle semble avoir été spéciale à l'Angleterre et qu'on ne la retrouve pas ailleurs. Mais que devenait cette institution dans la réalité ? Les cas d'abjuration étaient-ils fréquents ou rares, et quelle était la procédure en usage ?

Nous sommes abondamment renseignés sur ce point. Les Anglais du XIVe et du XVe siècle, quand ils se voyaient en difficultés avec la justice et croyaient avoir quelque sérieux motif de prévenir son action, recouraient volontiers au droit d'asile, et, de peur d'une peine plus rigoureuse, ils se condamnaient au bannissement perpétuel. Les cas ne sont pas rares ; cependant ils ne sont pas aussi nombreux qu'on pourrait d'abord l'imaginer ; l'exil, en un temps où les communications étaient difficiles, les voyages peu fréquents, l'ignorance des langues étrangères presque universelle, c'était l'inconnu, la misère, les privations, peut-être la mort à bref délai. Il fallait du courage pour abjurer, et beaucoup hésitaient, soit à prendre asile, soit une fois réfugiés à prêter le grand serment ; ou bien encore, s'ils s'étaient résignés, ils s'arrêtaient en chemin, se glissaient sous la forêt voisine, et, sur le point de partir, ils restaient.

Les Rôles du Parlement nous révèlent plusieurs cas d'abjuration. Il n'est pas extraordinaire non plus de rencontrer dans les chroniques de ce temps des mentions comme celle-ci : « En cette année (1324), à la nuit de la Nativité de Notre-Dame, qui fut un dimanche, dix personnes s'eschappèrent de Newgate (prison de Londres), dont cinq furent ramenées, quatre s'enfuirent à l'église du Saint-Sépulcre et une à l'église Saint-Bride ; et après, celles-ci forjurèrent l'Angleterre[1]. » Mais, à cet égard, ce sont les documents d'ordre judiciaire qui sont instructifs entre tous ; en effet l'abjuration était un jugement ; le réfugié se soustrayait à ses juges naturels et se condamnait lui-même entre les mains de l'officier du roi, qui sanctionnait la sentence volontaire, comme il eût fait celle d'un jury, et consignait le tout sur ses registres[2]. Parfois encore, le roi évoquait l'affaire à son banc, comme un procès ordinaire et avec les mêmes formules, soit que de hauts personnages y fussent mêlés ou intéressés, soit qu'en raison d'irrégularités commises, de nouvelles poursuites fussent nécessaires : « Quam quidem abjurationem dominus rex inter alias coram se

---

1. *Chroniques de London* (Camd. Soc., 1844), p. 42. M. Jusserand avait déjà signalé ce texte.

2. Staunforde, fol. 122, 117 *e* ; Hawkins, II, c. 9, sect. 44.

venire fecit terminandam[1]. » Aussi est-ce dans les rôles judiciaires, dans les Year Books, les Placita Corone, les Rotuli coram Rege, malheureusement inédits pour la plupart, et empilés, à Londres, sur les rayons du Record Office, qu'il faut chercher les documents relatifs à l'histoire de l'abjuration.

Voici la forme la plus commune sous laquelle les affaires de ce genre se trouvent résumées :

« Cambridge. Par-devant Adam Hobeldod, l'un des coroners de notre seigneur le Roi dans le comté susdit : un certain John Topclyve, du comté d'York, le mercredi après la fête du pape saint Grégoire, en la troisième année du roi Richard II (14 mars 1380), se mit dans l'église de, etc., et y demeura jusqu'au dimanche suivant, jour où ledit coroner se rendit à l'église susnommée. Et le même John, en présence dudit coroner, reconnut que le dimanche avant la Pentecôte, en la deuxième année de règne du roi Richard II (22 mai 1379), dans la ville de, etc., il avait tué par félonie William Forster de, etc., et, pour cette félonie, de sa volonté spontanée, en présence dudit coroner, il abjura le royaume d'Angleterre[2]. »

Les meurtriers n'étaient pas seuls à recourir au droit d'asile : à la vérité, c'était le cas le plus fréquent ; mais nous voyons, par exemple, en 1383, un certain Henry Chaplain se jeter dans une église pour avoir ravi une jeune fille ; d'autres fois enfin, le réfugié ne confessait que de simples vols[3]. Souvent il s'écoulait un très long délai entre la faute et la fuite dans le sanctuaire. Nous venons de voir John Topclyve, qui, le 22 mai 1379, avait assassiné un certain William Forster, ne prendre asile que le 14 mars 1380, c'est-à-dire au bout de dix mois. Mais voici un cas bien plus extraordinaire : un malheureux, nommé John Frebern, tua, le 18 novembre 1367, dans une querelle, un compagnon de voyage ; ce fut seulement le 11 avril 1372 qu'en raison de ce meurtre il se réfugia dans une église ; près de cinq ans s'étaient achevés entre le crime et l'abjuration[4].

Le coroner, en général, se rendait assez vite sur les lieux, tantôt le lendemain, tantôt au bout de trois ou quatre jours. Mais

---

1. Record Off., Coram Rege, Hil. 7 Ric. 2, Rex, m. II d.
2. Ibid.
3. Rec. Off., Coram Rege, Mich. 9 Ric. 2, Rex, m. XIV d.; Placita Corone, 22 Edw. 3, comté d'York (cf. Pike, I, p. 472).
4. Rec. Off., Coram Rege, Mich. 9 Ric. 2, Rex, m. XVIII d.

parfois il tardait davantage; en 1348, au comté d'York, un certain William de Coventry prit sanctuaire le 9 décembre, et ce ne fut pas avant le 21 qu'il put faire l'aveu de ses fautes[1]. En ce cas, souvent les communautés de village se chargeaient spontanément de surveiller le coupable et de prévenir son évasion : « Et facta fuit vigilia super eum, » disent les actes[2]. — A son arrivée, le coroner interrogeait le réfugié, lui demandait pourquoi il se tenait dans un sanctuaire, et s'il ne voulait pas se remettre à la paix du roi. « Et super hoc Edmundus Foster... invenit dictum Johannem in ecclesia predicta existentem, et quesitus [est] de dicto Johanne qua de causa se tenuit in ecclesia predicta, et an se velit paci domini Regis reddere, necne[3]. » Si le malheureux souhaitait abjurer, le coroner lui indiquait un port; car, contrairement à la théorie de Bracton, ce n'était jamais le réfugié qui le choisissait. « Et datus est eidem portus de[4]... » Le port assigné était généralement celui de Douvres, non seulement au sud de l'Angleterre, mais aussi dans les comtés septentrionaux; nous savons, par exemple, qu'un certain criminel, sous Edward III, n'obtint, pour se rendre du Yorkshire à Douvres, qu'un délai de neuf jours[5]. Il partait enfin, sa croix à la main. Son costume était-il toujours aussi simple et aussi imposant que le voulait Bracton et les jurisconsultes de son temps ? Ce n'est guère probable. Du moins, au début du xvie siècle, on lui accordait le droit de porter une chemise, une tunique et des braies[6].

Il y avait plus d'hommes que de femmes parmi les abjureurs ; plus audacieux et plus violents, ils étaient portés davantage au crime, et l'exil les effrayait moins. Mais l'un et l'autre sexe fournissaient des recrues à cette légion. Le 3 août 1302, le roi d'Angleterre demandait au gouverneur de Jersey et de Guernesey de le renseigner sur les raisons qui avaient poussé à l'abjuration une certaine Alice de la Chapelle[7]. Sous le règne d'Edward III, une femme, coupable de vol, fut condamnée à mort; mais pour ne pas

1. Ibid., Mich. 8 Ric. 2, Rex, m. XIII d; Mich. 7 Ric. 2, Rex, m. II d; Placit. Corone, *loc. cit.*
2. Rec. Off., Coram Rege, Mich. 8 Ric. 2, Rex, m. XIII d.
3. Ibid.
4. Rec. Off., Coram Rege, Hil. 7 Ric. 2, Rex, m. II d.
5. Rec. Off., Placita Corone, *loc. cit.;* cf. Pike, I, p. 232, 472.
6. Staunforde, fol. 117 *a*, et Fitzherbert, ap. Staunforde, fol. 120 v[e].
7. *Rot. Parl.*, I, p. 154 *a*.

tuer l'enfant qu'elle portait dans son sein, on la laissa en prison
jusqu'à sa délivrance : elle parvint alors à s'enfuir, entra dans
une église, et, par une exception unique, malgré sa condamnation
antérieure, elle abjura[1]. Enfin, voici un cas plus singulier encore :
en la huitième année du règne d'Edward II, une femme eut une
si furieuse envie de se séparer de son mari qu'elle prit sanctuaire,
s'accusa d'une félonie imaginaire, et fit serment de s'exiler; mais,
à son départ, le mari peu content voulut la retenir, quand un
tiers, survenant à propos, le maîtrisa et permit à la femme de
s'échapper[2].

Les clercs eux-mêmes abjuraient, malgré les prétentions des
évêques. Seulement, une fois qu'ils avaient pris cette grande réso-
lution, ils ne pouvaient plus se réclamer du for. Sous Richard II,
un certain Thomas Sadeler, poursuivi pour diverses félonies,
invoqua en sa faveur le privilège de clergie. On le lui contesta,
sous prétexte qu'il avait abjuré; il se trouva que le refus était
mal fondé en fait, mais en droit il était valable[3].

En dépit de l'engagement qu'ils avaient contracté, beaucoup
ne partaient pas. Ils s'arrêtaient en chemin, se mêlaient à des
bandes de brigands ou vivaient de leur travail dans quelque village écarté, tâchant d'y demeurer inaperçus et de s'y faire oublier.
S'ils étaient pris, ils étaient impitoyablement pendus. En général,
ils alléguaient pour leur défense que des inconnus les avaient
détournés de leur route et retenus malgré eux. Sous le règne de
Henry VII, un abjureur, ainsi arrêté, argua qu'on l'avait écarté
de son chemin et jeté en prison; que là on lui donnait un jour
du pain, un autre jour de l'eau, et que, pour ne pas mourir de ce
régime, il avait dû s'enfuir; pour donner une preuve de ses excel-
lentes intentions, le bon apôtre demandait qu'on le remît sur sa
route. Alors, dit avec une énergique brièveté le récit auquel ce
cas est emprunté, « vu qu'il n'a pas été a son port, fuit agard
(jugé) que il sera pendu[4]. » Un autre, au début du xve siècle,

1. Fitzherbert, *Abridg.*, fol. 259 r°, n° 410.
2. Staunforde, fol. 122 v° ; cf. Brooke, *Abridg.*, fol. 187 v°, n° 213.
3. Rec. Off., Coram Rege, Mich. 12 Ric. 2, Rex, m. XVIII.
4. Fitzherbert, *Abridg.*, fol. 248 r°, n° 65. Le même jurisconsulte nous cite
ailleurs l'aventure d'un abjureur, qui s'écarta de son chemin « ad deponendum
pondus naturale; » il se laissa emmener et employer pendant un an en qualité
de domestique; vu qu'il n'opposa pas de résistance, il fut pendu (fol. 245 v°,
n° 14).

déploya, pour se défendre, un luxe d'arguments plus grand encore : amené à la barre, il répondit d'abord qu'il était entré dans un sanctuaire et qu'on l'en avait arraché. L'enquête révéla qu'il avait menti. Alors il fit semblant d'être brusquement devenu muet ; l'enquête établit qu'il n'était pas muet, et l'on décida qu'il serait pendu. Aussitôt il recouvra l'usage de la parole et dit qu'il était clerc, qu'il ne relevait que du for ; l'enquête ayant prouvé qu'il ne savait pas lire, il fut exécuté[1]. Mais quand un abjureur, ainsi poursuivi, pouvait démontrer qu'il était de bonne foi, il était acquitté et remis en chemin ; nous en avons quelques exemples[2].

Souvent aussi la nostalgie ou la misère ramenaient ces exilés en Angleterre, malgré la perspective assurée et peu réjouissante de la potence. Quand ils se voyaient pris, dans l'espoir de prolonger leur vie et de la sauver peut-être à la faveur de dénonciations précieuses, ils se portaient *appeleurs*, c'est-à-dire dénonciateurs, et accusaient d'autres malheureux de crimes vrais ou inventés. Un appel de ce genre était-il valable ? Les jurisconsultes discutaient cette question : du moins, en 1330, une pétition au Parlement estimait que les délations d'un banni, qui, trois ans auparavant avait tué le maire de Lynn, « ne pouvaient être souffertes par loi[3]. »

Quant aux autres conséquences de l'abjuration, la confiscation des biens et la mort civile, elles étaient dans la pratique conformes aux plus sévères prescriptions des jurisconsultes. Le roi prenait les *chateux* pour sa part, et même il lui arrivait d'en faire don à l'avance, pour de vastes régions, à tel ou tel de ses favoris ; fiefs et tenures revenaient aux suzerains et aux propriétaires ; enfin, les bannis perdaient tous leurs droits légaux[4]. Trop de parties étaient intéressées à l'application de ces clauses pour qu'elles ne fussent pas religieusement observées.

Mais il s'en fallait que tous les réfugiés réclamassent le privilège de l'abjuration, et, parmi ceux qui prenaient asile, les documents nous signalent au moins autant de refus que de consentements. « Ledit John ne voulut pas se rendre à la paix du roi ; il ne voulut

1. Ibid., fol. 248 v°, n° 72.
2. Ibid., fol. 245 v°, n° 14 ; cf. Kelyng, p. 28, 36 ; Brooke, *Abridg.*, fol. 185 v°, n° 155.
3. *Rot. Parl.*, II, p. 376 ; cf. Fitzherbert, *Abridg.*, fol. 258 v°, n° 387.
4. *Rot. Parl.*, I, p. 52 *b*, 66-67 ; IV, p. 164 *a* et *b* ; VI, p. 216 *b*, 243 *b*.

également pas abjurer, mais il continua de se tenir dans l'église[1]. »
En pareille circonstance, arrachait-on le coupable de l'autel ? Ne
reculait-on pas devant cet acte de violence que Bracton, nous
l'avons vu, taxait d'horrible et de sacrilège ? Il est positif qu'au
début du règne d'Édouard III, la cour du roi, interrogée sur ce
point par un coroner du comté de Kent, l'autorisa, — le terme
des quarante jours une fois écoulé, — à citer le réfugié en justice
et, s'il refusait encore de sortir, à le faire saisir dans l'église[2].
Mais ce cas est unique. Généralement, on recourait au procédé
recommandé par les juristes, on affamait le malheureux : « En
conséquence, » disent les actes en leur langue impersonnelle et
dure, « il fut ordonné au constable du village et à l'ensemble des
habitants de garder à vue ledit John, sous les peines fixées par la
loi, et c'est ainsi que le coroner le laissa sous la surveillance
ci-dessus indiquée. Or, le même John se tint dans l'église depuis
le dimanche susdit (12 août 1374) jusqu'au samedi avant la fête
suivante de l'Exaltation de la Sainte Croix (9 septembre). Mais
ce jour-là, après le coucher du soleil, il s'échappa[3]. »

Toujours, en effet, sous l'action pressante ou sous la menace de
la faim, et après un délai d'attente souvent prolongé (il était ici
de vingt-huit jours), le réfugié finissait par prendre la fuite. Si
son évasion, par infortune, ne passait pas inaperçue, ses gardiens
le poursuivaient à grands cris, appelaient à eux le reste des habitants : en 1329, un criminel reçut ainsi la chasse, et lui se défendait de son bâton et à coups de pierres ; sur la lisière d'un bois où
il allait se terrer, un de ses geôliers l'atteignit et lui trancha la
tête[4]. Mais les plus adroits, ou les plus favorisés, saisissaient pour
s'enfuir un moment d'inattention ou de complaisance de leurs
gardiens, et nul ne les revoyait plus. En pareil cas, les officiers
du roi se livraient à une enquête, et si l'évasion devait être attri-
buée à la négligence du guet, le village responsable était poursuivi. Les paysans comparaissaient en la personne d'un attorney
ou procureur, ne pouvaient en général se justifier et se voyaient
condamnés à une lourde amende. Mais très souvent ils sollicitaient
et obtenaient le bénéfice d'une amnistie antérieure, ou bien une

1. Rec. Off., Coram Rege, Mich. 8 Ric. 2, Rex, m. XIII d ; Hil. 8 Ric. 2,
Rex, m. XV.
2. Fitzherbert, *Abridg.*, fol. 256 v°, p. 313.
3. Rec. Off., Coram Rege, Mich. 8 Ric. 2, Rex, m. XIII d.
4. Fitzherbert, *Abridg.*, fol. 255 v°, n° 290.

lettre spéciale de rémission achetée sans doute à beaux deniers comptants [1].

Ainsi l'*abjuratio regni* était au XIVe et au XVe siècle, non une simple conception de juriste, mais un fait qui se produisait journellement. Les crimes étaient fréquents parmi les Anglais de ce temps, race vigoureuse dont la rudesse primitive s'était en partie conservée sous l'action d'un climat dur, et dont sir John Fortescue, chancelier de Henry VI, vantait encore les instincts violents. « En Angleterre, disait-il, il y a plus d'hommes pendus en un an pour vol à main armée et pour meurtre qu'il n'y en a de pendus en France, pour la même espèce de crime, en sept ans [2]. » Parmi les coupables, beaucoup prenaient asile, et, suivant leurs goûts, leurs appréhensions ou leurs secrètes espérances, ils repoussaient ou acceptaient la faveur de l'abjuration. En un mot, cet usage était admis dans les mœurs. Parfois, il est vrai, des arrestations étaient opérées, en dépit des canons, dans les asiles ; souvent aussi des vengeances privées étaient exercées sur les réfugiés ou sur les abjureurs. Néanmoins, tout en faisant la part des violences, communes en ce temps, nous avons pu constater, — grâce aux documents judiciaires, qui nous font pénétrer dans la vie intime, quotidienne, de ces époques reculées et qui nous laissent l'impression très vive de la réalité, — que l'*abjuratio regni* était pratiquée, respectée, protégée, comme le voulaient les statuts et les traités de droit.

Même elle fut, avec le droit d'asile qui en formait la base, l'objet de violentes polémiques. Du commencement du XIIIe siècle à la fin du XIVe, les prélats d'Angleterre se plaignirent souvent que l'immunité ecclésiastique ne fût pas scrupuleusement observée. En 1257, comme ils accordaient au roi une subvention de cinquante-deux mille marcs pour soutenir les prétentions de son fils Edmond au trône de Naples, ils en profitèrent pour élever la voix, dresser une liste de griefs et requérir satisfaction : qu'un malheureux, disaient-ils, se réfugie dans une église ou dans un cimetière, il y est immédiatement assiégé, bloqué si étroitement que les clercs eux-mêmes ne peuvent lui passer des vivres ; souvent il est arraché de l'asile, et, s'il abjure, il se voit détourner traîtreusement

---

1. Rec. Off., Coram Rege, Mich. 8 Ric. 2, Rex, m. XIII d.; Hil. 8 Ric. 2, Rex, m. XV ; Mich. 9 Ric. 2, Rex, m. XIV d., m. XVIII d.

2. Cf. Taine, *Hist. de la Litt. angl.*, I, p. 141.

de sa route, arrêté, pendu ou misérablement massacré[1]. Quelques années plus tard, en 1261, l'archevêque de Canterbury renouvelait ces plaintes au concile provincial de Lambeth, menaçait de la censure ecclésiastique quiconque empêcherait les clercs de nourrir les réfugiés et fulminait l'excommunication à l'avance contre tout laïque qui oserait porter sur eux ou sur les abjureurs une main sacrilège[2]. En 1268, le légat du pape, Othobon, dans un concile général d'Angleterre, dénonçait encore les violateurs des droits de l'église et s'attaquait surtout aux hypocrites, assassins déguisés, qui respectaient l'asile en apparence, ne touchaient pas au réfugié, mais le faisaient mourir de faim[3]. Le clergé, dans ses assemblées, ne cessa de rappeler ces décrets ou d'en émettre du même genre : à Reading en 1279, à Lambeth en 1281, à Exeter en 1287, à York en 1311[4]. Et il se chargeait aussi de les faire respecter : les coupables étaient excommuniés, et, s'ils obtenaient le pardon, ce n'était qu'après de rudes pénitences. Ainsi, en 1313, des laïques furent arrachés d'une église de Newcastle, où ils avaient pris refuge, et furent exécutés. L'un des auteurs de cette violence, Nicolas le Porter, pour échapper à la terrible sentence, dut recourir à l'intermédiaire du nonce; encore fut-il condamné à se rendre trois fois, le lundi, le mardi et le mercredi de la semaine de la Pentecôte, en chemise, nu-tête et nu-pieds, devant l'église Saint-Nicolas de Durham, puis devant la cathédrale, pour faire en ces deux lieux confession de son crime et y recevoir publiquement le fouet. Si humiliante qu'elle fût, cette peine ne paraissait pas encore aux esprits de ce temps proportionnée à l'énormité de la faute : il dut subir aussi le même châtiment à Newcastle, théâtre de son forfait, devant deux autres églises, et cela, non plus seulement à trois reprises, mais bien tous les dimanches, durant près d'une année entière[5].

En 1316, le roi Edward II fit droit aux doléances du clergé, et il établit par un statut que nul n'aurait le droit de molester les abjureurs tant qu'ils seraient sur leur chemin; que les réfugiés

1. Math. Paris, *Chron. Maj.*, t. VI, p. 357.
2. Wilkins, *Concil.*, I, p. 751-52.
3. *Ibid.*, II, p. 8.
4. *Ibid.*, II, p. 35, 57, 141, 161, 414.
5. *Registrum Palatinum Dunelmense*, édit. Duffus Hardy, Londres, 1873, 4 vol. in-8° (*Rer. Brit. med. aevi Scriptores*), t. I, p. 313-16. M. Jusserand rapporte aussi cette aventure dans ses *Études sur la vie nomade en Angleterre* (p. 88-89 et 272).

seraient libres dans les asiles et ne pourraient être guettés que de
l'extérieur, *à moins que le péril de l'évasion ne fût mena-
çant ;* enfin, qu'ils auraient le droit de recevoir des vivres et de
sortir à certains moments[1]. Mais les lois ne changent pas les
mœurs. Celle-ci, d'ailleurs, contenait une réserve qui permettait
de justifier toutes les infractions ; les violences se reproduisirent,
et l'anathème retentit à travers tout le xive siècle contre les violateurs de l'immunité[2].

Cependant, aux plaintes souvent naturelles du clergé faisaient
écho les protestations non moins légitimes des laïques. Si les prélats déploraient que le droit d'asile ne fût pas mieux respecté,
d'autres l'estimaient trop large et demandaient qu'on le restrei-
gnît. En 1376, les communes se plaignirent vivement que l'on
poursuivît les villages d'où s'échappait un réfugié, alors pourtant
que nul n'avait reçu mission de le garder et que le coroner n'était
même pas venu[3]. Mais ce n'était là qu'une doléance de détail, rela-
tive seulement à l'application de la loi. Le plus souvent, c'est au
principe même du droit d'asile qu'on s'en prenait : dès 1347, les
habitants de Londres manifestèrent au roi le regret qu'un débiteur
malhonnête fût admis à jouir de ce privilège, qu'il pût se retirer
dans un sanctuaire et frustrer ainsi ses créanciers[4]. Il arrivait, en
effet, que des individus accablés de dettes, incapables d'y faire
honneur sans se ruiner, se débarrassaient de tous leurs biens par
des distributions, des inféodations et des ventes fictives ; puis,
quand en apparence ils ne possédaient plus rien, ils se réfugiaient
en certains asiles très spacieux, comme ceux de Westminster ou
de Saint-Martin, et y menaient large vie, grâce à leurs anciens
revenus, qu'on leur passait sous le manteau. Les créanciers,
n'ayant aucune prise, perdaient leurs droits, « contre toute loi,
bonne foi et raison. » Plusieurs pétitions au Parlement, en 1376,
en 1378, appelèrent sur cet abus l'attention bienveillante du roi[5].
Enfin, en 1379, un statut établit que si, à la vérité, le réfugié

1. *Stat. of the Realm*, I, 172-73.
2. Constit. de l'arch. de Dublin, en 1351; Mandement de l'arch. de Canterbury en 1362, en 1380; dans le diocèse de Hereford en 1377 (Wilkins, III,
p. 19, 49-50, 122-23, 132, 385 sqq. Brit. Mus., ms. Add. 6071, fol. 221 r°);
cf. *Rot. Parl.*, III, p. 27 *b*.
3. *Rot. Parl.*, II, p. 354 *b*.
4. *Ibid.*, III, p. 187 *b*.
5. *Ibid.*, II, p. 369 *a ;* III, p. 37 *b*.

était de mauvaise foi, on pourrait le sommer à la porte du sanctuaire, une fois par semaine pendant trente-cinq jours, de comparaître en justice ou de se faire représenter; au bout de ce terme,
s'il refusait encore de sortir, jugement serait rendu contre lui par
défaut, et les biens fallacieusement distribués seraient repris et
partagés entre les créanciers[1]. Il y eut même, au début du règne
de Richard II, une tentative hardie faite pour restreindre le droit
d'asile aux seuls criminels et aux auteurs de délits pouvant ame-
ner la peine de mort. C'était, par la même occasion, réduire
d'autant le privilège de l'abjuration. Il y eut, sur cette question,
consultation des seigneurs, des docteurs en droit et des clercs de
la couronne. Ils furent d'avis « que en cas de dette, ni pour tré-
pas fait, si l'homme n'y doit perdre vie ou membre, nul dût en
sainte église avoir immunité. Et, outre ce, disent que Dieu, sauve
sa perfection, ni le pape, sauve sa sainteté, ni nul roi ou prince
pourrait accorder tel privilège. » Cette nouvelle doctrine, presque
irrévérencieuse en sa forme et qui déniait à la majorité des coupables le principe même du droit d'asile, fut exposée en Parlement;
mais les prélats refusèrent d'y adhérer, se réservant d'y répondre
plus tard, et le projet ne fut jamais transformé en statut[2].

Aussi les plaintes continuèrent, fréquentes et vives : en 1393,
on disait les réfugiés si nombreux en certains sanctuaires qu'ils
empêchaient les officiers publics, baillis et coroners, de s'acquitter
de leur charge[3]. En 1402, les citoyens de Londres accusaient le
collège de Saint-Martin-le-Grand de servir de refuge à tous les
bandits, et demandaient l'autorisation de s'emparer de leurs personnes[4]. En 1425, en 1429, en 1454, en 1474, durant tout le
siècle, à diverses reprises, les communes attaquèrent ce droit
d'asile, dont le clergé se faisait l'opiniâtre défenseur, le considé-
rant comme incompatible avec les besoins de la société, et, si elles
ne proposaient pas de le supprimer en principe, elles voulaient
du moins le limiter dans la pratique, le resserrer, peut-être même
jusqu'à l'étouffer[5].

Mais le droit d'asile, qui avait la vie dure, et avec lui l'usage
de l'abjuration résistèrent aux coups qu'on leur portait et qui

---

1. *Stat. of the Realm*, II, p. 12; cf. *Rot. Parl.*, IV, p. 39; Jusserand, p. 91-92.
2. *Rot. Parl.*, III, p. 37.
3. *Ibid.*, p. 321 *b*.
4. *Ibid.*, p. 504 *a*.
5. *Ibid.*, IV, p. 291 *a*, 305 *b*, 360 *b*; V, p. 248 *a*; VI, p. 110 *a*.

eurent à peine pour effet de les modifier. Il y eut bien, en 1487, une bulle du pape Innocent VIII qui retira le bénéfice de l'immunité, et par suite aussi de l'abjuration, aux débiteurs de mauvaise foi, ainsi qu'aux voleurs et aux homicides qui, après avoir pris refuge, sortiraient, commettraient de nouveaux méfaits et se jetteraient de nouveau dans un sanctuaire[1]. Mais ce ne fut là qu'une restriction de détail, et on ne l'observa même pas. Dans l'ensemble, l'*abjuratio regni* était encore, à la fin du xv° siècle et au commencement du xvi°, ce qu'elle était à l'époque de Bracton. Les jurisconsultes de ce temps, comme Fitzherbert et Littleton, ne la considéraient nullement comme un débris du passé : ils en signalent de nombreux cas, ce qui montre qu'on y recourait encore; les règles dont ils l'enveloppent étaient simplement dégagées des œuvres de leurs précurseurs, et, si elles s'étaient précisées, elles ne contenaient du moins rien de neuf[2]. De même, nous savons, par le traité des *Coustumes, Stille et usage au temps des Échiquiers de Normandie*, qui date du dernier tiers du xv° siècle, que le duché, bien que soumis désormais à la couronne de France, avait conservé ce vieil usage, que les détails s'en étaient fixés, mais sans se modifier. Seulement, en deçà de la Manche comme au delà, la raison d'État et l'intérêt public battaient les vieilles traditions en brèche : en Angleterre, le fameux Richard III faisait arracher son neveu, le duc d'York, de l'asile où il s'était enfui, et son successeur Henry VII saisir des insurgés dans un sanctuaire[3]; en Normandie, l'auteur du *Stille* estimait qu'on pouvait, non seulement prévenir le ravitaillement des insurgés récalcitrants, mais aussi leur ravir leurs provisions, le terme légal une fois échu; même il suggérait l'idée de faire arrêter, au delà des frontières, par la juridiction voisine, le fugitif qui avait abjuré : « Je croy, » disait-il non sans malice, « que s'il est ainsy fait pour le bien de justice, et pour ce que ledit banni est mal renommé, et serait taillé de faire encore plusieurs maulx, que cil qui ce fera n'en sera blasmé ne de Dieu ni d'autre[4]. »

1. Wilkins, III, p. 621-22; cf. Wallon, p. 93-94.

2. V. ap. Fitzherbert les chapitres consacrés à *La Corone;* cf. Staunforde, le ch. intitulé : Placita Corone; *Rot. Parl.*, VI, p. 216 *b*, 243 *b*.

3. *Historiae Anglicae*, libri XXVII, autore Polydoro Virgilio, Lugd. Batav., 1651, in-8°, l. XXVI, p. 750, 767.

4. P. 35; cf. de Beaurep., *Bibl. de l'Éc. des chartes*, 3° sér., IV, p. 169-70, 368-69.

Une telle pratique eût été la négation même du principe. Du moins, en Angleterre, on n'y recourut point, et l'usage de l'abjuration nationale, formulé et respecté, bien qu'atteint par les accusations dont le droit d'asile était l'objet, n'était pas encore destiné à disparaître. Il devait même, au cours du xvie siècle, subir une transformation qui, en le rajeunissant, allait lui assurer une prolongation de vie de près de cent années.

III.

La Réforme eut-elle pour conséquence fatale de dissiper les restes de l'immunité ecclésiastique? « Nous verrons, » dit M. de Beaurepaire, « l'asile aboli naturellement dans les pays protestants, où les temples manquant de sainteté devaient manquer de privilège, et conservé, mais réduit, dans la plupart des pays catholiques[1]. » Ces raisonnements abstraits et fondés sur des idées préconçues, dont certains érudits nous ménagent parfois la surprise, sont périlleux. Du moins en Angleterre, les faits infligent à cette assertion trop hâtive un remarquable démenti : tandis que le roi très chrétien, François Ier, publiait, en 1539, l'ordonnance de Villers-Cotteret, dont une disposition impliquait l'abrogation du droit d'asile[2], ce fut précisément le prince révolutionnaire, Henry VIII, conservateur par accident, qui sanctionna dans son royaume ce vieil usage et par une série de statuts fit de l'*abjuratio regni* une institution moderne.

Dans la session du Parlement qui s'ouvrit à Westminster en novembre 1529, le roi, les lords et les communes reconnurent formellement aux coupables, — auteurs de délits ou de crimes, — le droit de fuir dans une église, un cimetière ou tel autre lieu consacré et de se bannir du royaume. Seulement, un règlement nouveau établit que le réfugié, une fois sa confession faite, mais avant de prêter le suprême serment, recevrait à la main droite, sur le gras du pouce, une marque au fer rouge, celle de la lettre A, « afin, » dit l'acte, « qu'il fût mieux connu parmi les sujets du roi comme ayant abjuré. » Les officiers publics, maires, baillis, constables, étaient invités à prêter assistance au coroner pour

---

1. Ibid., t. V, p. 356.
2. Ibid., p. 352 sqq.; cf. Aug. Bulmerincq, *Das Asylrecht und die Auslieferung flüchtiger Verbrecher*, Dorpat, 1853, in-8°, p. 105.

convoyer l'exilé, s'il en était besoin, jusqu'à son port d'élection. Enfin, tout réfugié qui refuserait de partir perdrait le bénéfice du sanctuaire, s'en verrait arracher et serait poursuivi conformément aux lois du royaume[1]. A la vérité, cette dernière disposition apparaît d'abord comme une infraction au droit d'asile. Mais qu'on y réfléchisse, et l'on constatera qu'elle simplifiait seulement l'ancien système et ne le modifiait guère : si elle substituait au procédé de la surveillance et de la réduction par la faim un moyen plus franc et plus rapide, l'arrestation immédiate, elle ne changeait rien au fond.

Quelques mois après, en 1531, nouveau règlement, plus original cette fois : Henry VIII conservait l'abjuration, mais en la transformant ; à l'exil, il substituait la relégation à l'intérieur du pays. Tel qu'il s'était pratiqué jusqu'alors, l'antique usage avait pour effet d'affaiblir le royaume : à mesure que se développait l'esprit d'aventure, que les communications se faisaient plus faciles, le monde mieux connu et les voyages plus fréquents, l'exil volontaire devenait un moyen séduisant de se dérober à l'action de la justice ; beaucoup abjuraient. Il en résultait pour l'Angleterre une singulière déperdition de forces vives, de travailleurs, de marins habiles, d'hommes de guerre expérimentés, et le statut auquel ces considérations sont empruntées s'en plaignait vivement : non seulement, disait-il, ils abandonnent le royaume, mais ils s'associent aux ennemis du roi, leur apportent le secours de leurs bras et de leurs diverses aptitudes, leur enseignent notamment le maniement de l'arc suivant le meilleur mode, et d'autre part, traîtres deux fois à leur patrie d'origine, ils leur révèlent aussi comment les forces anglaises sont organisées. En conséquence, il établit que dorénavant les réfugiés abjureraient, non le royaume, mais leur liberté dans le royaume, qu'ils renonceraient au droit d'habiter, séjourner, circuler en toute indépendance en Angleterre, et que les coroners, ayant reçu et consigné leur abjuration, les dirigeraient sur tel sanctuaire situé, à l'intérieur du pays, que les coupables auraient préalablement désigné, et où ils devaient passer le reste de leur vie en qualité de « sanctuary abjured persons. » Au demeurant, les anciennes formalités étaient maintenues : la confession, la marque d'infamie, le serment, le voyage ;

1. *Stat. of the Realm*, III, p. 284 ; cf. p. 758 ; *Reeve*, I, p. 473.

de même aussi le relégué, sortant de l'asile qu'il s'était assigné,
était puni de mort, comme, au temps de l'ancien système; le
banni qui reparaissait dans sa patrie; si de nouveau il commet-
tait un crime ou une félonie ou s'en rendait complice, il perdait
tout droit à l'immunité et passait en jugement[1]. En un mot, depuis
1531, les réfugiés n'abjurèrent plus le pays, mais leur liberté
personnelle, et l'Angleterre, au lieu de lâcher ses malfaiteurs sur
les peuples voisins, les retint désormais chez elle en une demi-
captivité. Cependant, ce n'était pas une atteinte portée au droit
d'asile ni au principe de l'abjuration : ils étaient reconnus et consacrés une fois de plus; l'application seule était transformée.

Aucune disposition ne réglait encore la vie quotidienne des
relégués dans ces asiles. A la seule condition de n'en pas sortir
(certains étaient fort grands), ils étaient libres d'aller et venir, de
se conduire à leur guise; châtiment bien léger en définitive et que
les criminels de nos jours ne redouteraient guère. Aussi un statut
de la vingt-septième année de Henry VIII (1535-36) se plaint-il
des progrès de la criminalité : « Comme on se fie aux sanctuaires
et aux libertés licencieuses qui ont été et sont encore journellement
en usage dans le royaume, diverses personnes ont eu l'audace de
commettre des meurtres, des rapts, des vols détestables, car les
asiles leur assuraient toujours un secours et le salut[2]. » Aussi le
roi réglementa la vie journalière des relégués, et les soumit à une
série d'obligations peu agréables qui restreignaient leur indépendance. D'abord il décida que les gouverneurs des sanctuaires,
— personnages nouveaux dont il est fait mention pour la première fois, — donneraient à chacun d'eux un signe caractéris-
tique et facile à reconnaître, long de dix pouces et large d'autant, et qu'ils le porteraient toujours, quand ils sortiraient de leurs
demeures, fixé sur leurs vêtements et nettement visible. S'ils déso-
béissaient à cette prescription, ils renonceraient par cela même au
privilège de l'asile, et tout sujet du roi aurait le droit de les arrêter
et de les jeter en prison. — De plus, il fut établi qu'ils n'auraient
aucune arme en leur possession, sauf le couteau nécessaire pour
couper leur viande, et encore ne furent-ils autorisés à l'ouvrir

---

1. *Stat. of the Realm*, III, p. 332-333; cf. Coke, III, p. 115; Reeve, *loc.
cit.*; Pike, II, p. 253; Stephen, I, p. 491-92.
2. *Stat. of the Realm*, III, p. 351.

qu'aux heures des repas. Toute infraction à cette règle entraînait
la même pénalité. — En troisième lieu, il leur fut interdit
de sortir de leurs maisons avant le lever et après le coucher
du soleil, sous peine de deux jours d'emprisonnement, de six jours
en cas de récidive et de la perte du sanctuaire après une nouvelle
faute. — Enfin, on les soumit aussi à un régime judiciaire d'exception : à ce point de vue, il fut décidé qu'ils relèveraient de leur
seul gouverneur pour les délits qu'ils commettraient, pour tous
les différends qui pourraient s'élever entre eux, et en général au
civil pour toutes les questions de dettes au-dessous de quarante
schellings. Toute résistance aux ordres de ce juge suprême était
punie de l'expulsion [1].

Ainsi, depuis 1535, les abjureurs ne furent plus condamnés
seulement à finir des jours paisibles dans un asile, mais ils s'y
virent soumis à un régime quotidien spécial et vexatoire. Ces
prescriptions n'eurent pas l'effet qu'on espérait, et le nombre des
crimes resta grand. Un statut de la trente-deuxième année
de Henry VIII (1450) le constate et fait résonner de nouvelles
plaintes. Des misérables, dit-il, commettent journellement des
meurtres et des vols, « au grand déplaisir du Dieu tout puissant
et pour la subversion du bon ordre politique ; » ils y sont incités
surtout « par certains privilèges accordés jusqu'aujourd'hui à
divers lieux et territoires de ce royaume, communément appelés
sanctuaires,... chose contraire à la fois à la parole expresse de
Dieu et à la commune tranquillité du royaume. » Le roi prenait
ses précautions : s'il s'attaquait au droit d'asile, c'était au nom
de Dieu lui-même. Il y avait, à la vérité, de bien nombreux
refuges, et par-dessus tout de trop spacieux, comme celui de
Westminster, grand comme un quartier de ville, comme ceux de
White-Friars, de Savoy, de Salisbury Court, de Wapping Step-
ney, véritables cours des miracles, repaires de tous les vagabonds,
où la justice du roi n'osait guère s'aventurer, où se cachaient à
l'aise les coupables de toute catégorie, depuis l'assassin de haut
style jusqu'au débiteur insolvable, insaisissables et impunis [2] :
spectacle immoral à coup sûr et peu fait pour combattre l'attrait
du crime. Aussi Henry VIII supprima-t-il en cette année tous les

1. *Stat. of the Realm*, III, p. 351.
2. Cf. Bulmerincq, *Das Asylrecht*, p. 114.

sanctuaires de ce genre, ne laissant l'antique privilège qu'aux églises de paroisse et aux chapelles qui en faisaient fonction, aux cimetières y attenant, aux cathédrales, aux collégiales et aux hôpitaux. Mais, comme les abjureurs ne pouvaient être relégués en ces lieux étroits et consacrés au culte ou au soin des malades, le statut désignait sept places « de privilège et de refuge à vie pour les malfaiteurs, » réparties en toute l'Angleterre : deux au nord, Manchester et York, qui étaient alors de petites villes ; deux à l'ouest, Wells et Launceston, dans les comtés de Somerset et de Cornouailles ; une autre à l'est, Norwich ; enfin, deux au centre, Northampton et Derby. Ainsi le coupable avait le droit de se jeter dans une église, d'abjurer en présence du coroner, qui était puni d'une forte amende s'il négligeait de se rendre à sa requête et de recevoir son serment ; il choisissait une des sept colonies reconnues, et des officiers locaux, les constables, l'y conduisaient en se relayant. Mais il fut décidé en même temps qu'il n'y aurait pas dans chacune d'elles plus de vingt relégués ; si, à son arrivée, le nouveau colon trouvait toutes les places disponibles déjà prises, le gouverneur lui assignait l'une des autres villes et l'y envoyait sous pareille escorte. On établit, d'autre part, que ces vingt personnages seraient passés chaque matin en revue, et celui qui, sans excuse valable, manquerait trois jours de suite à l'appel perdrait immédiatement le bénéfice de l'asile [1].

La raison de ces prescriptions est facile à comprendre : aux innombrables refuges on en substituait quelques-uns, tous nouveaux et entièrement soumis à l'action du roi ; on limitait étroitement le nombre des internés afin qu'il fût possible au gouverneur de les connaître et de les surveiller ; à leurs anciennes obligations on en ajoutait de nouvelles, resserrant leurs liens de sujétion.

Enfin, Henry VIII et ses conseillers déterminèrent également quels seraient les criminels admis au privilège du sanctuaire et de l'abjuration. En 1536, un statut l'étendit aux membres du clergé [2]. Mais, deux ans auparavant, en 1534, une autre loi avait établi que les traîtres ne jouiraient d'aucune espèce de droit d'asile [3] : ce terme désignait tous ceux qui comploteraient ou

1. *Stat. of the Realm*, III, p. 756-58 ; cf. Pike, II, p. 253.
2. *Ibid.*, p. 652, 749.
3. *Ibid.*, p. 508-509.

souhaiteraient la mort du roi, de la reine ou de leurs héritiers, qui appelleraient le prince hérétique ou usurpateur, ou qui retiendraient ses forteresses et ses vaisseaux. C'était le moment où Henry VIII bouleversait l'Église d'Angleterre, soulevait contre sa politique une partie de son peuple et multipliait ses précautions contre ses ennemis. Cette première réserve, destinée à prévenir les crimes de haute trahison, était moins neuve qu'il ne semblait, car, de tout temps, nous l'avons vu, la raison d'État avait expliqué en certains cas, sinon justifié, la violation de l'immunité ecclésiastique. En voici d'autres, qui furent plus graves et plus imprévues : en 1540, un statut reconnut le privilège de l'asile à tous les malfaiteurs dont la faute entraînerait la peine capitale, mais avec une série de restrictions qui en diminuait singulièrement la portée : étaient exclus, en effet, les auteurs ou complices de meurtres prémédités, de rapts, de vols commis avec effraction ou par intimidation, ou sur les grands chemins, ou dans les églises, enfin les incendiaires[1]. La raison invoquée était toujours la même : il fallait à tout prix que le nombre des crimes diminuât, et à cet effet on retirait à l'avance aux grands coupables tout espoir de salut. C'était assurément une sérieuse atteinte portée au droit d'asile, puisque des catégories entières de criminels en perdaient le bénéfice, et, si Henry VIII avait pris plusieurs mesures de ce genre, il passerait à juste titre pour l'avoir supprimé. Mais c'est la seule, et même il semble qu'elle ne fut pas appliquée; sept ans après, en effet, en 1547, un statut d'Edward VI retirait à nouveau le même privilège aux mêmes coupables, sauf aux incendiaires, qui cette fois n'étaient pas exclus, et le sanctionnait pour tous les autres[2].

En somme, l'immunité ecclésiastique et l'*abjuratio regni,* résistant aux attaques dont elles étaient l'objet depuis deux siècles, survivant aux griefs qu'elles avaient provoqués, échappant à l'action de la Réforme, qui sûrement ne pouvait leur être favorable, conservèrent une place éminente dans la législation anglaise. Les vieux usages furent transformés et limités; nombre de sanctuaires furent supprimés; l'asile fut refusé à certaines classes de criminels; au bannissement se substitua la relégation en quelques villes du royaume avec d'impérieuses conditions de résidence; mais le

1. *Stat. of the Realm,* III, p. 756; cf. Staunforde, fol. 121; Pike, p. 253.
2. *Stat. of the Realm,* IV, part. 1, p. 20-21, 74.

principe était respecté et formellement proclamé par les lois. Pendant tout le cours du XVIe siècle, en Angleterre, l'abjuration fut pratiquée en fait et reconnue en droit.

Néanmoins, les jours du droit d'asile étaient comptés, même en Angleterre, où tout se conserve. Il n'avait pas de raison d'être au sein de la société moderne, où l'homme ne se faisait plus justice à lui-même, mais où d'autres la lui rendaient en vertu de principes équitables, où les moindres fautes n'étaient plus suivies des plus rudes châtiments, mais où les pénalités devaient de plus en plus être proportionnées aux délits et aux crimes, dans cette société moderne où la notion de l'État allait triompher, où les lois de l'État étaient armées déjà d'une autorité absolue, les volontés de l'État sans réplique, et les individus, en quelque lieu qu'ils fussent, les obéissants serviteurs de l'État[1]. L'Église elle-même le défendait avec mollesse, et la papauté, en 1591, entraînée par le courant universel, retirait le privilège d'immunité aux assassins, aux hérétiques, aux criminels de lèse-majesté, aux brigands, aux voleurs d'églises ou de grands chemins : restrictions très analogues à celles qu'Edward VI avait édictées un demi-siècle auparavant[2]. C'est à Jacques Ier qu'il était réservé de l'abolir en Angleterre : en 1603, il rapporta tous les statuts ou fragments de statuts concernant les asiles et l'abjuration[3]; vingt ans après, au Parlement de 1623-24, il fut établi « que, dorénavant, aucun sanctuaire ni privilège de sanctuaire ne seraient admis ni tolérés en aucun cas[4]. » Supprimer tout lieu de refuge, c'était supprimer l'abjuration. Elle subsista à titre de pénalité que l'on infligeait pour certaines fautes; mais, sous la forme originale qu'elle affectait au moyen âge et au début des temps modernes, elle disparut. Aussi les jurisconsultes, depuis ce jour, ne mentionnèrent plus cette institution que comme un usage du passé, et si par hasard ils s'attardèrent encore à la décrire, ce fut par une fantaisie d'archéologue[5].

---

1. « Dans toute l'étendue d'un État politique, » disait Beccaria, « il ne doit se trouver aucun lieu en dehors de la dépendance des lois : leur force doit suivre le citoyen, comme l'ombre suit le corps. » (*Traité des Délits et des Peines*, cité par M. de Beaurepaire, *Bibl. de l'Éc. des chartes*, 3e sér., V, p. 358.)

2. Wallon, p. 103 ; de Beaurepaire, *ibid.*, p. 350.

3. *Stat. of the Realm*, IV, part. 2, p. 1051.

4. *Ibid.*, p. 1237; cf. Pike, II, p. 253; Hale, I, p. 228; Stephen, I, p. 492.

5. Coke, I, note 92.

Certains asiles, il est vrai, opposèrent aux statuts qui les sup-
primaient une résistance victorieuse, tant les habitudes d'un
peuple sont lentes à se modifier. Et ce furent même les plus dangereux, ceux que Henry VIII avait déjà voulu faire disparaître,
tous à Londres ou aux environs : les Minories, dans l'East End,
Salisbury Court, Ram Alley, Mitre Court, dans Fleet Street, et
quelques autres à Holborn et à Southwark. Pour la troisième fois,
Guillaume III, en 1696, les déclara contraires aux lois et menaça
de l'amende, de la déportation et de la mort les réfugiés qui refuse-
raient d'obéir aux officiers de justice[1]. Les asiles, pour la troisième
fois, triomphèrent, car, en 1716, on se plaignait qu'on y célébrât
nombre de mariages clandestins[2]. En 1722, en 1724, le roi
George Ier, poursuivant la campagne entreprise contre ces repaires,
les supprima à son tour[3]. Ils disparurent lentement. Nous ne
voyons pas, cependant, que, depuis l'acte de 1623, aucun réfugié
ait jamais abjuré. Cela s'explique : les sanctuaires pouvaient
persister par cette force d'inertie qui conserve les vieux usages
et que toute réforme doit vaincre ; mais, pour qu'on pût abjurer,
il fallait le concours d'un officier de justice, sa garantie, la sanction des lois. Du jour où l'asile fut officiellement aboli, les coroners
ne vinrent plus recevoir la confession des réfugiés, et l'abjuration
fut impossible.

En résumé, cette institution était vieille d'au moins cinq siècles
quand elle disparut. Primitive par ses origines chrétiennes et
anglo-saxonnes, moderne par son caractère régulier et juridique,
d'une saveur très anglaise par un certain mélange de formalisme
et d'esprit pratique, cette application atténuée du droit d'asile, qui
était passée dans la législation et dans les mœurs publiques dès le
début du xiie siècle, eut comme un renouveau sous Henry VIII,
et c'est en 1623 seulement qu'elle fut rayée des lois du royaume.
Encore ne périt-elle pas tout entière, et quelque chose d'elle survécut : la reine Élizabeth, en sa trente-neuvième année de règne,
édicta pour certains crimes un châtiment nouveau auquel était
réservée une grande fortune ; c'était la déportation. Fréquemment

---

1. *Stat. of the Realm*, VII, p. 273-74 ; cf. Petersdorff, XIV, art. Sanctuary ;
Pike, II, p. 253-54 ; Stephen, ibid.
2. Pike, II, p. 254-55, 635.
3. *Stat. ad large*, XV, p. 109-14, 231-34.

infligée au xviiie siècle, elle permit à l'Angleterre de se purifier, de se débarrasser de ses malfaiteurs et de ses vagabonds incorrigibles. Or, au début, on les expédiait, non dans une colonie pénitentiaire ni en un lieu spécial, mais seulement au delà des mers (*beyond the seas*), à charge de vivre où ils pourraient et comme ils l'entendraient[1]. Sous cette forme première, n'était-ce pas une réminiscence plutôt qu'une innovation? C'était l'antique abjuration, moins le serment, mais avec les mêmes sanctions. Sans doute, si cette pénalité n'avait déjà existé, on aurait pu l'inventer; mais, en fait, ce ne fut que l'adaptation à des besoins nouveaux d'un vieil usage, encore en vigueur, bien que transformé. Et c'est ainsi que, par un phénomène de transmission et de développement, l'*abjuratio regni* a tenu presque jusqu'à nos jours une certaine place dans la législation anglaise.

1. *Stat. of the Realm*, IV, part. 2, p. 900; cf. Pike, I, p. 109.

Nogent-le-Rotrou, imprimerie DAUPELEY-GOUVERNEUR.